# 刺猬效应

## 打造高绩效团队的秘诀

# THE HEDGEHOG EFFECT:

## THE SECRETS OF BUILDING HIGH PERFORMANCE TEAMS

[荷] 曼弗雷德·凯茨·德·弗里斯 著
( Manfred F. R. Kets de Vries )
丁丹 译

人民东方出版传媒
People's Oriental Publishing & Media
東方出版社
The Oriental Press

图字：01-2014-1750 号



**图书在版编目（CIP）数据**

刺猬效应／（荷）曼弗雷德·凯茨·德·弗里斯 著；丁丹 译. —北京：东方出版社，2018. 1
（曼弗雷德管理文库）
书名原文：The Hedgehog Effect：The Secrets of Building High Performance Teams
ISBN 978-7-5060-9649-2

Ⅰ. ①刺…　Ⅱ. ①曼…　②丁…　Ⅲ. ①企业管理—组织管理学　Ⅳ. ①F272. 9

中国版本图书馆 CIP 数据核字（2017）第 250205 号

**刺猬效应（精装版）**
（CIWEI XIAOYING）

作　　者：［荷］曼弗雷德·凯茨·德·弗里斯
译　　者：丁　丹
责任编辑：刘晋苏
出　　版：东方出版社
发　　行：人民东方出版传媒有限公司
地　　址：北京市东城区东四十条 113 号
邮　　编：100007
印　　刷：北京联兴盛业印刷股份有限公司
版　　次：2018 年 1 月第 1 版
印　　次：2018 年 7 月第 2 次印刷
印　　数：5001—8000 册
开　　本：880 毫米×1230 毫米　1/32
印　　张：9. 625
字　　数：230 千字
书　　号：ISBN 978-7-5060-9649-2
定　　价：68. 00 元
发行电话：（010）85924663　85924644　85924641

## 献给苏德希尔·卡卡尔

我们过什么样的生活，取决于我们选择什么样的人做朋友。他是我在世界各地进行野外探险的伙伴，帮我为自己创造了一个全新世界。这些年，我们也许没有一起生活，但是我们一起成长了。

# 目录

## 第三篇　打造真实活力型组织

# 前言

合则立，分则败。

——伊索

多个蜘蛛网合在一起，足以困住一头猛狮。

——埃塞俄比亚谚语

社区就像一艘船，其中每个人都该做好掌舵的准备。

——亨利克·易卜生

有一种组织特别好，几乎人人都渴望为其工作。这种组织最出名的地方是，营造出了一种特殊的企业文化，让人们快乐而高效地工作。我把这种组织叫作“真实活力型组织”。这种组织有一套元价值观，这套元价值观赋予了组织成员以目标感和自主感。另外，在这种组织，人们有胜任感、归属感、做主感和幸福感，胜任感指觉得自己能够做好工作，归属感指自己作为组织的一员被组织接纳，做主感指能对组织中大大小小的事务发表意见并被组织尊重和采纳，幸福感指从工作中获得乐趣和意义。这样的组织富有活力，鼓励玩耍和创造；在这样的环境工作，人们不仅效率高、产出多，而且快乐又自豪。在这种组织，人们喜欢合作，因为他们明白合作比单干更有趣、更有效。有着真实活力型文化的组织，不仅把员工照顾得很好，而且大多具有很强的盈利能力和可持续发展能力，因此堪称最佳工作之地。

**在最佳工作之地，人们：**

- 能够充分发挥想象力和创造力，觉得工作是快乐的
- 信任上司、同事和下属，觉得组织就像温暖的大家庭
- 能在工作中找到意义，为自己所做的事情而骄傲

**真实活力型组织的元价值观是乐趣、关爱和意义。你工作的组织是这样的吗？**

我认为，真实活力型文化给组织带来的一个竞争优势是，能够打造高绩效团队。在这个日益复杂的世界，公司只有能把研发、生产、物流、人员管理、市场营销和客户服务方面的专业人员聚到一起迅速有效地开发出新的产品或服务并推向市场，才能

在激烈竞争中立于不败之地。教育、公共服务、卫生保健、行政管理等领域的组织，如果所处环境同样复杂，那就面临同样的问题，进而也十分需要员工密切合作。对很多领域的组织来说，团队合作都能提供竞争优势，化机会为成功。

既然真实活力型组织让外部人如此羡慕，让内部人如此愉悦，那么为什么只有如此少的组织称得上真实活力型组织？为什么团队运行不良是如此常见的现象？答案也许部分在于人的本性：我们只能在一定程度上信任彼此，这个程度也许不足以让我们好好地合作；我们知道合作可以带来很多精神上和物质上的好处，可是我们很难超越人的本性通过合作实现这些好处。

## 叔本华的刺猬

叔本华的散文集《附录与补遗》收录了一则寓言，描述了刺猬在冬天面临的两难困境。天气变冷，两只刺猬靠在一起取暖。靠得太近，就被对方身上的刺扎着，于是离远一些。离得太远，又感到冷，于是靠近一些。这样反反复复地靠近又离远，两只刺猬终于找到一个既不会冻着也不会扎着的最佳距离。

叔本华的这则寓言，西格蒙德·弗洛伊德 1921 年在散文《团体心理学与自我分析》中的一个脚注里引用到了。他把刺猬的困境与长期人际关系中“厌恶和敌意的沉淀”联系到了一起。在这篇散文中，弗洛伊德还就人类最常见、最自然的一个社会性需要——亲密——提了很多没有答案的问题：我们其实能够忍受多大程度的亲密？我们需要多大程度的亲密才能在这个世界存活下去？刺猬的困境也是人的困境。

所有长期人际关系几乎都会“沉淀”消极情感，可是，因为压抑，我们意识不到这些消极情感。正如刺猬的困境暗示的那样，人渴望靠近他人，又害怕太过靠近他人。我们可以认为，叔本华的寓言在象征意义上揭示了人际关系面临的挑战。我们注定要像叔本华的刺猬一样永远在痛苦的纠缠与凄凉的孤独之间挣扎吗？我们会永远要么害怕失去自我要么害怕孤独寂寞吗？

人类因为社会性需要而聚在一起，又经常因为彼此不好相处的地方而相互排斥。我们所有人都既需要又害怕亲密，这给我们的存在制造了困境。叔本华的刺猬在反复磨合中找到了一个最佳距离，人类也总会在长期互动中找到一个最佳距离。在这个距离，尽管我们只能大致满足取暖需要，但是我们不大可能受伤害。我们不会扎到别人，别人也不会扎到我们。

***“多靠近算过于靠近？我们能对别人多坦诚？”***

在团体背景下，人类也会面临刺猬的困境。多靠近算过于靠近？我们能对别人多坦诚？我们能透露有关自己的什么信息？多亲密算足够亲密？什么时候有必要设置边界？太过坦诚可能暴露我们的弱点，让我们容易出现羞愧反应。人们经常觉得很难在团体、团队里好好发挥作用，根本原因就是这个困境——既需要靠近彼此又需要保持距离。

**在亲密-回避轴上，你认为自己处在哪个位置？**

**你是哪种“刺猬”？**

1　2　3　4　5　6　7　8　9　10

我喜欢与别人靠得很近　　　　我喜欢与别人离得很远

**你在轴上的位置如何影响你与别人的关系？**

**反思你的各种人际关系，看看它们分别在这个轴的哪个位置？**

## 团队合作悖论

***“团队合作是组织有效性的关键要素。”***

在组织背景下仔细看看，就能看到这个困境在日常的人际互动中微妙地起着强大的作用。团队合作是组织有效性的关键要素。之所以这样，至少是因为集思广益、齐心协力有助于组织做成任何事情，从应对暂时的危机到制定长期的战略。更何况，在当今世界，组织面临的挑战越来越复杂，必须通过团队合作才能应对。然而，我们太容易忽略大多数团队面临的一个现实：很难把握成员之间相互连接的松紧度，要么太松散造成低效，要么太紧密造成窒息。

另外，同样清楚的是，很多组织领导者对团队怀有矛盾情感。他们当中有太多人不知道如何打造高绩效团队。因为担心失控，所以他们不愿授权；不愿授权，他们就继续逞英雄包揽一切。对很多人来说，团队代表着麻烦、负担或者躲不掉的灾难。不足为奇的是，这经常成为自我实现预言。尽管很多团队确实发挥了协同效应、取得了卓越成就，但是也有很多团队冲突繁多、效率低下、成绩平平甚至完不成任务。正如我们很多人绝望地发现的那样，运行不良的团队会让组织付出巨大的代价。

**团队成功**

想想你曾经待过的高效团队和低效团队。是什么让这类团队成功、让那类团队失败的？分别描述一下高效团队和低效团队的情况。

在高效团队工作是什么样：

在低效团队工作是什么样：

**比较一下两份描述，想想高效团队和低效团队有什么区别。**

自相矛盾的是：运用团队，既是因为工作的复杂性又会增加工作的复杂性。团队要是运行不良，就可能意味着很高的协调成本和很低的生产率增益。某些公司和政府部门把成立团队、委员会或工作小组当作解决问题的万能方案——制造开展工作的假象，掩盖低效无能的事实。这种万能举措，最好的情况是没有造成任何伤害，因为从根本上说它什么也没做；最坏的情况是耽误了问题的解决，因为它这样装样子走过场会妨碍真正的行动。解散运行不良的团队，也许需要快刀斩乱麻，而快刀斩乱麻可能会造成经济上和人员上的损失。

## 事情不像表面那样简单

为什么这么多团队未能像预期的那样产生协同效应、创造卓越成果？答案在于一条固执的信念：人类是理性的生物。很多团队设计者忘记考虑非理性行为，然而是人就会有非理性行为。尽管团队之所以创建是为了完成某个具体任务，但是团队成员五花八门的怪癖和千变万化的情绪会让团队难以好好执行那个具体任务。确实，组织领导层往往存有一定程度的天真。他们未能认识到，团体动力可能让团队偏离预定方向，进而让团队的实际目标与团队的表述目标大相径庭。很多居于领导职位的人，未能理解团队合作的切实复杂性。他们没有注意到刺猬的困境。

团队设计者需要接受一个事实：在表面的理性下潜藏着很多非理性的心理力量，它们可能破坏团队的运行。不管多么非理性，这些心理力量还是可以控制的，如果我们知道如何理顺它们的话。在团队要操心很多事情，除了一些与任务有关的事情外，还要操心权力要怎样分配，如何与其他成员互动，等等。这些问题不解决，由这些问题引发的焦虑就会慢慢积累下来，变得越来越强烈，直到团队的领导和支持环境包容不了。这个时候，为了保护自己，团队成员就会启动社会防御。社会防御可以转移、缓解甚至消除焦虑，但是也会妨碍具体任务的执行。具体任务执行不力，就会引发更多焦虑，而焦虑会强化社会防御，如此陷入恶性循环。

***“经理人需要认识到，就组建团队而言，事情不像表面那样简单。”***

经理人需要认识到，就组建团队而言，事情不像表面那样简单。敏感问题，不管是组织层面的还是人际层面的，往往会放到团队里讨论和处理。要想团队成员在敏感问题面前不做出防御反应，团队就需要有恰当的领导和支持环境把焦虑转化成干劲。不幸的是，团队设计者大都不了解心理动力学和系统学，于是常常主要从理性—结构角度看团队合作。

我认为，仅从理性—结构角度看团队合作是不全面的，必须承认潜意识动力对行为的影响。太多人把组织当作按照规章制度运行的理性系统，把组织中的人当作趋乐避苦的理性经济人。但是，不管你喜不喜欢，世界上并没有纯粹基于理性的管理这种东西。理性—结构组织观没有兑现它承诺过的好处，只是制造了混乱和痛苦。潜意识动力和有意识动力都是组织生活的内在部分，组织设计者都应加以关注。他们需要熟悉心理动力学语言，尽管这会让那些管理学或经济学出身的组织设计者不舒服、不自在。

要想营造并维护有利于团队合作的工作环境，必须既关注组织中的结构性因素又关注组织中的人性因素。从结构性因素入手，营造维护的是硬环境；硬环境对团队合作非常必要，但并不充分。还要营造并维护软环境，也就是组织领导者还必须通过言传身教营造真实活力型文化。真实活力型文化允许组织成员不受汇报关系的限制，不用担心打击报复进行坦率的、礼貌的、尊重的对话。真实活力型文化意味着建立并巩固一套核心价值观：信任、承诺、热情、快乐。这可能是项十分艰巨的挑战，需要整个组织做到开放透明，需要组织中的人愿意转变心态，从“以己为先”变成“以团队为先”。在今天这个多变而复杂的世界，谁理解了人类行为和人际关系的多层面性，掌握了打造高绩效团队的秘诀，谁就能成为第一。所以，我们没有多少选择，只能去迎接这项挑战。

## 领导力团体教练与打造真实活力型组织

问题在于，组织及其领导者如何营造真实活力型文化？一个可能的答案是，通过领导力教练。这类干预最常以一对一的形式出现，也就是一个教练师对一个来访者。一对一领导力教练的目的是改变来访者的职业发展观和个人成长观，一般针对的是组织中具有很高发展潜力的经理人，因此实际上是通过为组织培养储备人才来帮助组织应对所面临的挑战。

一对一教练当然有用，但是个人经验告诉我，要打造真实活力型，最好使用团体教练。领导力团体教练，以组织中的自然团体（例如经理人团队、某个部门、某个工作小组）或者临时拼凑起来的团体（例如来自不同部门的人、来自不同组织的人）为对象，让资深教练师引导他们在安全的环境中做到坦诚和信任，了解自己和他人，形成并尝试新的思考、感受和行为方式。领导力团体教练本质上是一个体验式培训基地，让参与者通过体验团体凝聚力来领会团体凝聚力的重要性，通过体验各种互动方式来了解各种互动方式的优劣势，通过体验各种无意识的心理动力来了解各种无意识的心理动力对团体行为的影响。因此，领导力团体教练非常有助于打造高绩效团队，非常有助于预防割据状态、矫正本位主义。

领导力团体教练还有助于提高组织成员与整个组织的目标一致性，加强承诺和问责，促进建设性地解决冲突。领导力团体教练不仅能够培养组织成员的教练技能（通过同伴教练），而且能够加快组织的前进步伐（通过增强组织成员对组织优劣势的了解，进而提高组织成员的决策质量）。教练文化可以促进基于信任的团队合作，而基于信任的团队合作反过来又可以巩固教练文化。教练文化好好发挥作用时，就像一张无形的网，把同一部门的人、不同部门的人、团队与团队横向连接起来，把上下级纵向连接起来。

## 本书简介

在这本书中，我既考察有意识的团体行为又考察无意识的团体行为。我从系统角度出发探讨团队设计者或促变者必须怎样做来提高团队有效性。我考察显性和隐性的组织现象和个人现象。

我介绍的概念，很多都不好把握，更不用说付诸实践。为了帮助读者理解这些概念，我把本书分成了三篇。在第一篇，首先，我由浅入深地分析团队和团体的方方面面，描述团体是如何变成团队的；其次，我粗略介绍领导力团体教练，并举出一个详细例子；最后，我讨论领导力教练的错综复杂性。在第二篇，首先，我从心理动力学角度分析团体动力，介绍临床范式，讨论关系模式等话题；其次，我从多个角度讨论团体是如何演化的；最后，我探索团体作为整体有何表现。在第三篇，首先，我从系统角度探讨组织变革给组织成员带来的根本挑战；其次，我从促变者角度讨论如何做个有效的促变者；再次，我讨论领导力团体教练中的禅理；最后，我讲述一个有关如何利用领导力团体教练促进组织变革的完整故事。

对我而言的真正奖励是看到参加过领导力团体教练后，组织成员在组织内部建立起了教练文化，通过教练文化促进组织的发展、改进组织的绩效，还通过教练文化培养一种更根本的感受——组织成员是人，不是机器。最后说一句，通过坦诚沟通把各有所长的人组建成高绩效团队去迎接挑战，就会觉得挑战变容易了很多；团体教练式干预有助于让组织变得更人性化，也有助于增强组织的可持续发展能力。

## 致谢

本书是我多年来对很多高级经理人团队进行团体教练的经验总结。我最初开发并应用领导力团体教练的“实验室”，是我在欧洲工商管理学院（INSEAD）主持了20多年的一个CEO培训项目“领导力挑战：打造有效的领导者”。我非常感谢这个培训项目的参与者，他们给了我很多启示。我还要特别感谢与我合作主持这个培训项目的人——我的老朋友苏德希尔·卡卡尔。他提出了一个方法，用于在领导力团体教练中走出僵局；一般人处理不了的僵局，用他的方法都能处理好。

我在INSEAD还主持了另外一个培训项目，“变革咨询和教练”。这个培训项目是针对经理人开办的硕士学位班，主要由我和罗杰·雷曼、埃里克·范·德·洛欧共同负责。这个培训项目年复一年办得如此成功，他们两个人做出了很大贡献，在此对他们表示特别的感谢。

另外，我还经营了一家咨询公司，凯茨·德·弗里斯工作室

（KDVI）。非常感谢那些有勇气邀请 KDVI 为其经理人团队或其他团队进行团体教练的公司。团体教练不适合胆小鬼，对参与者而言是如此，对教练师而言亦是如此。特别感谢那些公司的 CEO 以及其他经理人，他们的睿智教会了我很多东西。

我要感谢我在 INSEAD 全球领导力中心（INSEAD's Global Leadership Center，简称 IGLG）的团队，他们一直支持着我的工作。我不仅要感谢中心的行政管理人员，而且要感谢我的项目总监们和教练师们，他们很有远见，认识到了团体教练的价值，还把团体教练带到了新的高度。

最后，我要谢谢伊丽莎白·弗洛伦特-翠西、艾丽西娅·齐克-巴亚热昂和莫里·帕莱夫斯基，感谢他们愿意认真阅读本书初稿。伊丽莎白给了我特别大的帮助，建议我在结构上做了很大调整，让本书变成了今天的样子。一如既往地，我要感谢我的编辑萨莉·西蒙斯。她沉着冷静；在我看来像迷宫一样复杂的问题，她解决起来仍能保持好心情。

与各种各样的团队打交道，我并没讲个不停，企图给他们灌输什么东西。相反，我学到了很多东西——我学到的东西，大多是通过提问、倾听和反思学到的。本书旨在帮助人们充分体验团队里发生的事情，特别是好好了解团体动力对团体行为的影响，不仅了解团体行为的表象，而且了解团体行为的本质，让看似神秘的团体现象去神秘化。我希望本书帮助读者充分实现团队潜力、打造最佳工作之地。

本书的首要读者，在我看来是想深入了解领导力团体教练的培训师。不过，对那些想在组织内部营造教练文化的人力资源管理者，本书也值得一看。最后（当然并非最不重要的是），那些有见识的经理人也可以读读本书。这里的“有见识”是指，认识到了打造高效团队的重要性，想知道如何打造高效团队。正如美国著名篮球运动员迈克尔·乔丹曾经说过的那样，“靠天赋能赢比赛，但赢冠军要靠合作和智慧”。

# 第一篇

# 团体和团队的生命

# 第 1 章　团体如何变成团队

分开来，我们不过是一滴一滴的水。聚起来，我们就是海洋。

——日本诗人（Ryunosuke Satoro）

一把筷子折不断。

——肯尼亚谚语

一小群深思熟虑、坚定不移的人能改变世界！永远不要怀疑这一点，因为历史向来如此。

—玛格丽特·米德（Margaret Mead）

大仲马《三个火枪手》中那句著名誓言“我为人人，人人为我”，道出了团队合作的精华所在。我们最伟大的成就，是靠合作而非冲突取得的。只要我们愿意相互支持，我们就能解决所面临的大部分问题。正如达达尼昂和三个火枪手明白的那样，他们的个人命运与他们的团队命运连在了一起。

很难找到第二本像《三个火枪手》那样著名，对大众想象把握得那样全面的描写战友情、同志爱的小说。这本小说剧情一波三折，时而让人愉悦，时而让人恼火，时而让人觉得古怪。大仲马以法国 1625—1628 年那段历史上的重大事件为蓝本，创作了这部波澜壮阔、激动人心的文学巨著。其中，三个火枪手及其年轻战友达达尼昂的勇敢、忠诚和智慧，给读者留下了深刻印象。小说的这四个主人公卷入了法国国王路易十三、权倾朝野阴险狡诈的大臣红衣主教黎塞留、美丽的王后安娜·奥地利、王后的旧情人英国白金汉公爵乔治·维利尔斯之间的复杂纠葛，还卷入了围攻胡格诺拉罗舍尔城事件。

故事第一主人公达达尼昂，怀着远大抱负，骑着一匹长毛瘦马前往巴黎。马是父亲送他的，父亲还给了他 15 个埃居和一封介绍信。介绍信是开给国王火枪队队长的，希望队长接纳达达尼昂加入国王火枪队（国王火枪队是皇家侍卫队的一部分）。国王火枪队不是谁想加入就能加入的，达达尼昂必须证明自己有这个资格。但是，除了作为剑客的智慧和武艺外，他没有多少资本。幸运的是，他结识了三个火枪手，传奇而高贵的阿多斯、憨厚的波尔多斯和精明的阿拉米斯。在他们的帮助下，达达尼昂成功挣来了荣誉，实现了抱负。

途中，达达尼昂及三个火枪手多次遭遇危险、濒临失败，每次都是团队合作让他们化危为安、转败为胜的。火枪手对彼此像春天般温暖，对敌人像秋风扫落叶般无情。他们的群策群力、他们的精益求精、他们的勇于牺牲、他们的胸怀宽广、他们对彼此的无比信任，以及他们最强大的美德，坚定不移地为共同事业而团结奋斗，激发了读者的想象力。这个故事可以用在道德课上，生动地说明合作、团结和坚持的重要性。

三个火枪手（或者应该说，四个火枪手）那样的团队在任何时代都很受欢迎。人物如此逼真，对话如此真实，这本基于 17 世纪，写于 19 世纪的小说，我们今天读起来仍有很强的代入感，会随着情节的变化高兴地微笑或伤心地哭泣。达达尼昂及三个火枪手的冒险经历在很多方面具有普遍性——团队合作是很常见的现象，很多事情要靠团队合作才能完成。正如一句日本谚语所言，“我们当中没有哪个人像我们所有人加起来那样聪明”。

这个故事触及了本书将要讨论的很多主题。最好的团队，团队成员愿意承担风险、大胆地对话、建设性地解决冲突。然而，团队成员能否做到这些，取决于团队文化是否信任、坦诚。

火枪手的作战口号“我为人人，人人为我”，揭示了团队有效性的关键所在。火枪手相信，一损俱损、一荣俱荣、一人有难大家支援。在他们看来，互助和互信是必需的。无论是在意识水平上还是在潜意识水平上，他们都做到了步调一致、齐心协力。因为合作精神与深厚友谊，所以火枪手觉得，作为一个团队，他们能做成任何事情，只要他们用心去做。

大仲马以 17 世纪历史为蓝本创作的小说，对 21 世纪的职场仍然有启示意义；他笔下的三个（或四个）火枪手，意识水平上的活动和潜意识水平上的活动达成了一致。经理人与领导力团体教练师的首要目标之一就是打造这样的团队。

## 团队：什么，为何，如何

在讨论团队之前，首先说说团体和团队的区别。团体指若干人以一定方式联系在一起进行活动而形成的人群。

团队是一种特殊的团体，是若干（最好）技能互补的人为共同目标相互合作而形成的人群。团队与一般团体的不同之处在于：团队有共同目标，并且就如何实现这个共同目标达成了一致意见（注意，目标和实现目标的途径是团体成员共同协商出来的，而不是某个领导者指定的）；因为要相互合作实现共同目标，所以团队成员高度相互依赖；团队行动的结果，对所有团队成员一起造成影响，而不是分别影响每个团队成员。组织中的团队，一般创建之时就有共同目标（即完成某个具体任务），合作时间是有限的。成员为 5—12 个时，团队最有效；成员超过 12 个，团队就需要较多的结构和支持；成员不足 5 个，团队就很难进行充分的讨论，特别是有人缺席的话。（本书后面对团体和团队不作区分，只是根据具体情况选择习惯用法。）

这里应该提醒大家一下，尽管好的团队在职场必不可少，但是团队并非总是最优选择。有些工作或项目，如果指派给一个人，可能会更高效地完成。但是，当工作或任务非常复杂，涉及很多领域，那么团队一般优于个人。

**你所在的团体算得上团队吗？**

琢磨以下问题，回答“是”或“否”。

| 问题 | 是 | 否 |
|---|---|---|
| 1. 与你一起工作的人，是为了实现一个共同目标或完成一个共同负责的任务而高度相互依赖吗？ | | |
| 2. 你所在的团体，是一群技能互补的人相互合作而形成的吗？ | | |
| 3. 你的所作所为，不仅影响你自己，还影响所有与你一起工作的人吗？ | | |

**如果所有这些问题你都回答“是”，那么你所在的团体很有可能是个团队。**

确定了团队在当今职场的重要性后，就要提一个问题：大多数团队到底多有效？我们（常常从亲身经历）了解到，很多团队并没发挥最大效力。大量研究表明，团队合作的很多好处似乎可望而不可即。很多名人说过一些调侃团队的话，例如“委员会者，委员个个毫无作为，凑合起来又议决无事可为”“团队就是一群从不合格的人当中挑选而来不情愿地做着不必要的事情的人”“团队是有着四条后腿的动物”，这些话表明大家的团队合作体验并不好。十有八九，团队耗费了很多时间很多资源但所做的事情没有取得多少进展，弄得团队成员互相埋怨、关系紧张。

打造高绩效团队，意味着把一群人格（认识、需要、态度、动机、背景、专长和期望）各异的人变成一个协调、统一、高效的工作组。这可能很具挑战性。有些性格类型就是不合拍，把这些性格类型的人凑到一起，简直就是灾难。有些人特别不适合放在团队，他们出于这样那样的原因形成了一些古怪的性格，非常不好相处。

## 团队与需要系统

打造高绩效团队虽然很具挑战性，但是也有方法可循。方法之一，是把焦点从人的不同之处转移到人的共同之处上。例如，对大多数人而言，团队可以满足归属需要。换句话说，团队最初是为了完成任务而创建，可是创建之后也能满足其他个人需要。很多人喜欢在团队工作，因为团队能满足他们的交往需要、依恋需要，还能给他们带来自豪感、成就感和意义感。实际上，这些无形奖励也许比金钱或其他有形奖励对个人而言更重要。因此，关注个人需要也许非常有助于打造高绩效团队。

***"大多数人强烈渴望归属于一个认可自己、理解自己的团体。"***

大多数人强烈渴望归属于一个认可自己、理解自己的团体。归属——成为一个更大存在的一部分——对自尊和自信的发展非常重要。社会联系（以及害怕失去社会联系）对人生的品质（甚至长短）非常关键。从这个角度看团队就会看到，如果团队花时间培养团队成员的社区感和归属感，那么团队成员与任务有关的焦虑就会减轻。利他主义——渴望帮助别人——也是与人合作的一个动机。很多人际交往发生在一个复杂的互惠互利网络里。看到别人有困难，提供力所能及的帮助，那么在你遇到困难时，别人也会帮助你。尽管不一定是你帮助过的人来帮助你，但是你帮助的人越多就有越多的人帮助你。

**帮助别人对你重要吗?**

琢磨以下问题，回答“是”或“否”。

| | 是 | 否 |
|---|---|---|
| • 你是那种会为别人做任何事情的人吗? | | |
| • 你能付出、分享，还是常以自我为中心? | | |
| • 你愿意帮助别人吗，即使并不能立即获得回报? | | |

- 你是那种看到别人有需要就会伸出援手的人吗？
- 你觉得帮助别人是一种快乐吗？
- 看到比自己不幸的人，你觉得难受吗？
- 你时刻准备帮助陌生人吗？

**如果大多数问题你回答“是”，那么你有很强的利他主义。你经常尽己所能帮助别人，有时甚至不用别人开口求助。**

成就需要——渴望有所作为是团队合作的另外一个动机。个人的力量是有限的，众人的力量是无穷的；加入一个为有意义的目标而奋斗的团队，也许就会觉得自己更有能力有所作为了。火枪手不仅是一帮兄弟，而且在某种意义上共同效力于一项伟大事业。

## 基本要点

评价团队，首先可以看团队成员的个人体验。团队有共有的目标感吗？团队所有成员在同一时间都往同一方向使劲吗？团队成员技能互补吗？团队所有成员都在追求同一东西吗？团队的目标公开讨论过并达成一致了吗？团队成员同甘共苦、荣辱与共吗？团队成员在合作过程中大都是快乐的吗？保证团队满足这些基本标准，才有助于创建信任、以团队为先的意愿。

其次是看团队成员的相互关系。例如，哪个团队成员主事？谁设置边界？谁是主要的行动推手？所有这些决定是如何做出的？

团队成员的相互关系，需要用一种系统而非随机的方式加以管理。这说来容易做来难，因为团队成员的相互关系受团队动力的影响，而团队动力是一股看不见但十分强大的力量。一种危险的管理方式是，让最强势的团队成员推动与资源配置有关的决策，这会让其他成员深感不公和无助。当组织处在继任剧痛中，团队动力可能会变得更加不良。在这样的情况下，“零和心态”（认为一方赢就意味着另一方输）也许会主导团队动力，每个团队成员都想称老大。

出于上述所有原因，团队建设的一个关键就是让每个成员融入团队；还应该搞清楚，每个成员有什么技能，可以做出什么贡献。新人会出自本能地迅速弄清要如何融入团队、在团队扮演什么角色、对其他团队成员有什么其他补充作用。在某个水平上，加入团队后，他们的个人愿望也会起作用。总而言之，融合过程远比看起来复杂。

## 不良团队的阴暗面

一只狮子、一只驴子和一只狐狸决定一起觅食。他们认为，一起觅食比单独觅食收获更多——事实确实如此。他们忙了一天，找到了一大堆食物。“好的，”驴子说，“我们把吃的分了吧。”他把食物分成了三等份。看到这里，狮子一边咆哮“这是什么？”一边扑向驴子，咬死了他，吃掉了他。然后，狮子对狐狸说，“现在轮到你来分”。狐狸比驴子情商高，他把食物分成了两堆，一堆很大，一堆很小。“嗯，”狮子一边把很小的那堆推给狐狸一边说，“你这么会分，是谁教你的？”“是驴子。”狐狸说。

我们经常见到不良动力在团队起作用，特别是在真实目标与陈述目标不一致的团队，以及目标模糊或多变的团队。一个团队，如果满是角色冲突、角色模糊、未解决的人际矛盾，那么很有可能是不良动力在起作用；一个团队，如果开会经常走过场且缺勤率高，与会人员分布不均、眼界狭隘、不顾大局、时间观念差、拖拉很久做不出决定，那么很有可能是不良动力在起作用；一个团队，如果团队成员忙于争权夺利而忽略了团队的具体任务，那么很有可能是不良动力在起作用。这些团队没有真正的共治、合作、协调。正是这些团队败坏了团队的名声。

不良动力起作用，团队成员就可能互相防备、隐瞒信息、捂藏资源、暗中破坏。更严重的是，有些这样做的团队成员觉得自己这样做很有理由——他们觉得在团队受到了亏待，比如贡献没有得到认可，受到了不公正的批评，等等。他们这样做虽然隐秘、非理性，但是会严重损害团队的运行。

严重运行不良的团队，特别是严重运行不良的高管团队，会带坏整个组织。他们病态的幻想、信念、情绪和行为，会像传染病一样传遍整个组织，让组织变得神经质。这个传染过程可能非常微妙。

**不良动力在你的团队起作用吗?**

琢磨以下问题，回答“是”或“否”。

是　否

- 你的团队目标模糊或多变吗?
- 你的团队成员达成了虚假共识吗?
- 你的团队有很多未解决的人际矛盾吗?
- 你的团队开会经常议而不决吗?
- 你的团队成员开会经常迟到或者根本不来吗?
- 你的团队成员并不觉得要对彼此负责吗?
- 你的团队成员互相猜忌防备吗?
- 你的团队内部存在恶性竞争吗?

**如果大多数问题你都回答“是”，那么你的团队问题多多。**

**你的团队甚至算不上团队。**

一种常见的不良动力是推诿责任、找替罪羊。主要受这种不良动力影响的团队，团队成员不愿直面矛盾，宁愿私下遮遮掩掩地讨论、小心翼翼地评论。聚在一起开会，很有可能只是泛泛而谈、空喊口号、说些陈词滥调。不足为奇的是，这样的团队大都决策缓慢、行动迟钝，虽然有很多资源可用但是仍然绩效平平。可以预料的是，他们的决策结果是次优的。

另外一种常见的不良动力是使用分裂等原始防御机制。分裂指为了避免两个或两个以上相互冲突的认识或情感同时在意识中存在引起焦虑，就把这两个或两个以上相互冲突的认识或情感相互隔离开来。分裂最常见的表现就是把自己、他人或世界一分为二，一面是“好的”，一面是“坏的”，“好的”就是觉得可以接受的，“坏的”就是觉得痛苦的、不可接受的。分裂防御造成的结果是，看法主观、绝对、极端，而且容易因为一点小事从一个极端转到另外一个极端。上一刻觉得某个人、某个团队或某个组织什么都好，怎么看怎么顺眼，下一刻因为这个人、这个团队或这个组织做了什么让自己失望的事，就认为这个人、这个团队或这个组织什么都不好，怎么看都不顺眼。

团体还存在一些个体所没有的危险，例如容易出现团体极化或团体思维。团体极化是指在团体中进行决策时，人们往往会比个人单独决策时更倾向于冒险或保守，向某一个极端偏斜，从而背离最佳决策。在阐述论点、进行逻辑论战时，一些成员变得具防御性。当他们面对挑衅时，态度会变得更为固执甚至走向极端。在某些情况下，团体决策偏向保守的一端；但在更多情况下，团体决策偏向冒险的一端，比个体决策更倾向于冒较大风险。这种倾向意味着与个人单独行动相比较，团体成员更愿意拿组织的资源去冒险。虽然风险决策会有较高的回报，但是失败的决策常常带来灾难性后果。团体思维指在一个高凝聚力的团体内部，人们在决策及思考问题时由于过分追求团体的一致，而导致团体对问题的解决方案不能做出客观及实际的评价的一种思维模式，这种思维模式经常导致灾难性事件。

**团体思维的迹象**

琢磨以下问题，回答“是”或“否”。

| | 是 | 否 |
|---|---|---|
| 你所在的团队： | | |
| • 团队成员认为，只要齐心协力，就刀枪不入、无坚不摧？ | | |
| • 团队成员坚信，团队所做的一切都是正确的？ | | |
| • 每次做出决策，团体成员就一起想出种种理由把决策合理化？ | | |
| • 对竞争对手形成了简化的、固定的还有可能不对的看法？ | | |

- 团队成员不愿质疑彼此的观点，即使明知观点有误？
- 团队成员过分追求意见的一致？
- 持不同意见的团队成员，要承受极大的从众压力，最后不得不放弃自己的意见？
- 有团队成员积极屏蔽负面信息，不让负面信息影响团队？

**如果大部分问题你都回答“是”，那么你所在的团队出现了团体思维，容易草率地做出不理性的决定。**

***“存在结构缺陷的团队，再优秀的个人放进去也很难做出好成绩。”***

前面说过，把不合拍的人凑到一起会让团队运行不良，把不适合团队合作的人放进团队也会让团队运行不良，但是，把本身适合团队合作、彼此又合拍的人凑到一起并不一定就能造就好的团队，如果在结构设计上犯了错误的话。例如，没有给团队设置清晰的目标、成功的标准、清楚的边界或者明确的任务。存在结构缺陷的团队，再优秀的个人放进去也很难做出好成绩。

另外，只是为了做出一种在采取行动的姿态而创建团队，团队注定会一事无成。在这样的团队，形式重于内容，空洞口号代替了实际行动。这样的团队装样子走过程，时间一天天地过去，所做的事情却没有丝毫进展。在这样的团队工作，人们觉得是浪费时间，还不如去做些别的——事实也确实如此。

好的团队都是一个模样，不好的团队各有各的不好。这些不好之处，是列举不完的。

**你在团队扮演什么角色？**

思考以下问题。

你最适合哪个角色？

你在团队扮演的角色偏任务导向吗？

还是偏人际导向？

你的角色比较多样吗？

- 你是出格者吗？
- 你是反叛者吗？
- 你是牺牲品/替罪羊吗？
- 你在扮演小丑吗？
- 你是进攻者吗？

你扮演更边缘的角色吗？

- 你属于沉默的一类？
- 你属于神秘的一类？
- 你属于谨慎的一类？

## 团队的优点

讨论了团队的阴暗面后，我想重申一下，尽管可能有各种各样的缺点，但是团队的优点还是大大超过了团队的缺点。

团队最有价值的两大优点是：效率和效益。如果团队成员都有主人翁精神、都有紧迫感、都积极参与，那么团队很有可能成功完成任务、实现目标。如果团队成员愿意为了实现团队目标做出任何贡献，那么团队就可以产生整体大于各部分之和的协同效应。划分职责，就可以平行开展多项活动，更快实现目标。

## 互补

***“单丝不成线，独木不成林。”***

单丝不成线，独木不成林。一个人不管多能干，也不可能什么事都会做。但是，把各有所长的人组建成团队，那就几乎没有什么是不可能做到的。大任务可以分解成小任务，分别指派给最合适的人。例如，把创意工作交给擅长出主意的人，把细节工作交给关注细节的人，把战略工作交给全局观强的人，把实施工作交给执行力强的人。个人往往只能从一个角度看问题，而团队能从多个角度看问题。团队建设可以视作一次创造性地及建设性地取甲之所长补乙之所短，让每个成员充分发挥优势，让团队发挥最大效用、取得最优结果。团队设计者只有认识到技能互补的重要性，才能打造高绩效团队。

我前面提过，严重运行不良的团队可能带坏整个组织。同样地，运行良好的团队可以让整个组织焕发活力。他们健康的信念、态度、情绪和行为也可以传遍整个组织，形成一种有利于学习、合作、创新的文化。一个组织如果存在这种文化，那么各个方向的信息流就都是通畅无阻的；而愿意分享信息的人，更高效、更多产。

**你能对团队做什么贡献？**

阅读以下陈述，然后根据自身情况回答“真的”或“假的”。可能有不止一个陈述对你而言都是真的。

1. 我特有战略意识。
3. 我特会处理乱局。
2. 我特有商业意识。
4. 我特有创业精神。
5. 我的创意层出不穷。
6. 我对改进结构和程序很有兴趣。
7. 我对改进培训方法很有兴趣。
8. 我擅长沟通。

**你是什么领导风格？（以上陈述，每个对应一个领导风格。）**

1. 战略家：领导就是下棋布局
2. 促变者：领导就是力挽狂澜
3. 交易者：领导就是经营生意
4. 建造者：领导就是自主创业
5. 创新者：领导就是提出创意
6. 处理者：领导就是追求效率
7. 培训师：领导就是培养人才
8. 沟通者：领导就是舞台监督

## 情绪维度

有过团队经历的人常常发现，团队可能激起强烈的情绪，这些情绪往往是相互矛盾的。很多人从亲身经历中了解到，做团队的一分子，可能十分诱人又十分讨厌，极其令人满意又极其令人失望，到底是前者还是后者，取决于团队运行是好是坏。切身体验告诉我们，当有事情没确定下来，或者当事情进展不顺利，团队就会弥漫多种多样的消极情绪。我们可以反思一下，面对这样的情境，我们习惯怎样处理：我们试着做些什么吗？还是退到一边，等待团队其他某个成员牵头做些事情？还是觉得事不关己，于是高高挂起？

考虑到情绪维度对团队合作的重要性，那么身处团队，要想做出成绩，不能仅仅关注团队的任务，而是要同时关注成员的感受——要准备好应对房间里的大象①和地毯下的蛇②。说到这里，我想起了一个任务导向很强的团队，每周例会讨论了与任务有关的话题后，总会继续花点时间讨论开会期间的体验以及可以做些什么让以后的开会体验变得更好。后面这个非正式讨论，通常十分激烈，成员就如何提高交流的有效性纷纷发表意见。

## 自我表露

***“谈论自己总是有显得傻气的风险。”***

讨论团队，总会讨论一个话题：成员是否愿意在其他成员面前袒露自己的脆弱。敞开心扉，谈论自己（比如自己的人生观、世界观），有可能显得傻气。在其他成员面前袒露自己的脆弱，有可能降低我们的自我价值、威胁到我们的尊严感。自我表露，

---

① 在英文里，房间里的大象指所有那些触目惊心地存在却被明目张胆地忽略甚至否定的事实或者感受。——译者注

② 有个阿拉伯寓言说，某人注意到家里地毯鼓出了一块，非常讨厌，于是用尽一切办法想把地毯弄平。他抹过、压过、碾过，地毯仍然会鼓出一块。最后，他怒了，一把火点燃了地毯，结果大吃一惊：地毯下面爬出一条十分愤怒的蛇。这个故事很好地说明了，处理问题要找到问题的症结所在，治标不治本只能得到有限的效果。——作者注

可能会揭开埋在心底的痛苦记忆：小时候在很多人面前丢脸、被嘲笑的事情。此外，自我表露总有限度。组织中的团队不像心理治疗团体，心理治疗团体有自己的边界，而组织中的团队没有。自我表露太过，会让其他成员以后面对你时感到很不自在，还会加重自己的脆弱感。

**你做好了打造真正团队的心理准备吗？**

琢磨以下问题，回答“是”或“否”。

| | 是 | 否 |
|---|---|---|
| • 你准备好了坦陈你的想法、感受、抱负、目标、失败、成功、恐惧、梦想，以及你喜欢什么、不喜欢什么、青睐谁吗？ | | |
| • 你愿意跟别人谈论自己，让别人更好地了解你吗？ | | |
| • 你愿意跟别人说心里话，从而把自己置于危险之中吗？ | | |
| • 你是那种相信别人人品的人吗？ | | |
| • 你相信别人履行承诺的能力吗？ | | |
| • 你准备好了向别人袒露自己的脆弱吗？ | | |
| • 你相信别人不会滥用你的信任、辜负你的委托吗？ | | |

**如果大多数问题你都回答“是”，那么你相对容易与你所在团队的成员建立亲密关系。**

然而，适度的自我表露是必要的。团队成员互相进行适度的自我表露，就会更好地了解彼此，进而更好地理解彼此。理解多一些，冲突就少一些。例如，如果经理人委员会中一个难以与人建立亲密关系的经理人向其他经理人坦陈自己的这一弱点，那么其他经理人就会明白这个经理人为什么喜欢独自工作，进而不会觉得这个经理人脾气古怪而与之对立。

我记得，在我给某经理人委员会进行团体教练期间，一个成员对另外一个成员说：“约翰，我与你共事了 20 年，但是这 20 年我对你的了解远远不及最近 3 天我对你的了解。我更清楚你喜欢什么、讨厌什么了，我更清楚你为了什么而工作了，我更清楚什么会让你抓狂了。我真希望我多年以前就了解到了这些。”

听到这段话，我有点儿悲伤。显而易见，这两个人以前沟通过，但是从未推心置腹地沟通过。但是，相知，即使很晚，也有利于他们以后的共事。这种例子说明，为什么团队成员清楚了解彼此对打造高绩效团队如此重要。清楚了解彼此有助于共情和理解，还能保证个人偏好不会凌驾在团队目标之上。

我们可以看到，团队运行好坏受很多因素的影响。从事实角度考虑，团队运行好坏取决于团队的成员、环境和任务。表面上，团队凝聚力取决于各个成员多大程度上愿意完成团队任务。较深一些，团队凝聚力取决于各个成员对团队有多认同、团队处在什么发展阶段、团队形成了什么规范、团队收到了什么信息、团队拥有哪些外部资源——所有这一切都让团队变得更加复杂。考虑到所有这些因素的影响，团队动力可以作为一个独立的存在，在重要方面影响着团队成员。领导力团体教练不仅需要关注团队任务，而且需要揭示团队动力的本质，这样才不至于让潜意识力量暗中破坏团队任务的执行。

## 目前为止，我们了解到了什么？

总结一下，我在本章论证了：打造高绩效组织的关键是打造高绩效团队，对那些依赖高度多元化、高度虚拟化的临时团队的全球性组织而言尤其如此。如果管理不当，团队就会充满偏执或抑郁型焦虑，甚至溢出渗透到整个组织。必须把这种可能性降至最小。我们需要更好地了解人际关系、团体动力、团队变迁，才能尽早发现团队运行不良的迹象。与此同时，本章也给我们留下了几个重要问题。组织中的人如何营造有利于团队合作的组织文化？领导力团体教练可以帮忙做些什么？首先，领导力团体教练到底是什么？

# 第 2 章 在关系汤里游泳

好的教练师会让运动员看到自己的潜力。

——阿拉·巴拉舍罕（Ara Parasheghian）

委员会开会，记录每分钟但浪费数小时。

——米尔顿·伯利（Milton Berle）

就矛盾修饰法而言，“无意识的意识”和“看不见的看见”是彼此彼此。

——弗朗茨·克莱门斯·布伦塔诺（Franz Clemens Brentano）

团队合作的好处是，总有人与你站在一边。

——玛格丽特·卡蒂（Margaret Carty）

所有人际互动都既有有意识的成分又有无意识的成分，有意识的成分是显而易见、容易理解的，无意识的成分是潜藏在下面，很难把握的，无意识的成分影响着有意识的成分。我们经常认为潜意识成分（例如身体语言、说话语调、面部表情）提供的信息会妨碍沟通和理解。在团队和团体里，妨碍可能尤其强烈。谁没有抱怨过公司某个部门（或分部）开会议而不决、成员之间僵持不下？这就是我所说的“关系汤（relational soup）”，即团体成员之间的相互关系变得像一锅乱炖那样黏糊糊，让人倒胃口时的状态。在关系汤里游泳，我们往往会忽略一个事实：团体动力，加上恰当助力的话，可以推动团体以及团体中的个体发生有效率有效益的行为变化。

我做心理分析师、领导力教练师和商学院领导力教授这么多年来，给几千个商务人士做过培训或咨询，他们当中有 MBA 学生、有经理人、有董事、有企业家。在职业生涯早期阶段，我主要进行一对一的领导力教练，帮助来访者改变自己、实现职业发展目标和个人成长目标。这种干预可能非常有效果，我做过了很多，现在仍然在做。

然而，大约 20 年前，我意识到了，采用一对一的形式，我的促变潜力受到了限制。每次一个来访者，效果再好，也只能帮助很少的人。我想帮助更多的人。我希望，我能帮助来访者改进其所在组织的工作氛围，提高其所在组织的盈利能力和可持续发展能力。我相信，这个希望是可以实现的。但是，要实现这个希望，我需要进行大规模干预，把打造真实活力型组织的责任委托给组织成员本人。

我认识到了，我希望帮助组织营造一种企业文化，在这种企业文化里，人们相互信任、坦诚沟通，各个方向的信息流畅通无阻，知识和经验可以迅速传播开来，任务多以团队合作的方式执行，领导权分散在团队成员手中，这样组织就非常具有创造力和灵活性，能够不断创新提高可持续发展能力，能够迅速对环境变化做出反应。

但是我仍然纳闷，如何在一个充满偏执思维的组织注入这种企业文化。有句话说出来可能显得消极，但是我还是要说出这句话：第 1 章提出的那个理念，“打造高绩效组织的关键是打造高绩效团队”，可能并不振奋人心。因为打造高绩效团队是一项颇具挑战性的任务，说来容易做来难。

***“团体动力这股暗流既可以让团体发挥协同效应，也可能让团体触礁。”***

仅仅把人放到一起是不够的，他们不会自发地合作，即使他们有清晰的目标、诱人的愿景和充足的资源。研究过人性的人（我是其中一个）都知道，团体中的人际互动远远不像看起来那样简单。大多数人没有意识到，团体动力这股暗流既可以让团体发挥协同效应，也可能让团体触礁。

为了弄清如何驾驭团体动力这股看不见的力量，我开始在 INSEAD 针对高级经理人开办的一个跨时一年，包含四个模块的培训项目（以下简称 CEO 培训班）中尝试团体教练。在团体教练中，不管我是否喜欢，我都必须带着我的学生跳进关系汤。我相信，帮助经理人看到表面之下潜藏的东西，他们就更容易在他们自己的组织注入一种有利于基于团队的分权式领导的企业文化。

我做了一个当时看来非常大胆的创新，放弃了标准的哈佛商学院案例教学法，换上了人生史研究。人生史研究做得好的话能产生很大的效果，可是做好人生史研究并不是一件容易的事情。一般而言，只有在团体里建立了基本的信任，人生史研究才会发挥作用。我在 CEO 培训班的团体教练，人生史研究具体是这样做的：在一个由 20 个经理人组成的团体里，每个成员轮流坐到"热椅子"上讲述自己在职业发展和个人成长方面的想法、忧虑、挑战、恐惧和欲望；当"热椅子"上的成员讲述的时候，其余成员要回应以尊重、支持、联想和建议。团体成员不仅能通过讲述自己的人生故事而学习，而且能通过倾听别人的人生故事而学习。团体成员还有另外一个重要的学习体验：在每个模块的团体教练中，在大家的帮助下确认自己回去之后要采取哪些建设性行动，然后在下个模块的团体教练中在大家的帮助下评价前段时间发生的变化。

看团体成员"教练"彼此（当时还不叫"教练"），我觉得很有趣；听团体成员报告自己前段时间在他们自己的组织打造高效团队、营造教练文化所取得的进展，我觉得很欣慰。领导力团体教练起作用了。

在团体教练里，我与同事苏德希尔·卡卡尔一直充当着引导者和促进者，但是在商学院课堂，团体本身扮演着最重要的角色。在课堂上，学员们学习如何在认知和情绪上重构自己的人生体验，从消极变得积极，生出很多美好愿望。但是，这些美好愿望很有可能像“新年决心”的常见遭遇一样——从未付诸实践。这里，课堂设计的差别就显现了出来。如果把课堂设计成团体学习的形式，那么学员就会在其他学员的鼓励下觉得变化确实是可能的、可及的。

主持 CEO 培训班多年后，我渐渐明白，由实战经验丰富的教员组建并引导的小团体，促变化、促成长效果可能远远好于一对一教练。2000 年，我与另外两个同事又开办了一个可以与 CEO 培训班媲美的培训项目。这个培训项目针对的是 HR、领导力发展总监以及其他在组织中负责人力资本管理的人，例如教练师、顾问、高级经理人或企业家。这是一个长期培训项目，跨时 15 个月，包括 7 个模块（现在是 8 个模块）。和其他培训项目一样，这个培训项目的一个重要教学范式是小团体同伴教练。再次，我看到团体动力和人生史研究可以带到课堂，与体验式学习平行发挥作用。这不仅有助于学员理解系统对个人的影响，而且有助于学员体验一小群背景相似的人组成的小团体是如何促进个人成长和发展的。学员把这些体验带回自己所在的组织，用于组建工作团队。这样就形成了领导力开发的一个新取向、打造高效团队的一项新技术：领导力团体教练。

**一组训练**

- 你会如何制造一次难忘的团队体验？
- 你想如何启动这节团体教练？
- 你想在这节团体教练实现什么目标？
- 你想如何结束这节团体教练？
- 你下一步想做什么？

为了让团体教练乃至培训项目的参与者有具体材料可反思，我和我的团队开发了几个360度调查工具（见附录）。我们会先对参与者进行360度调查，然后用360度调查报告启动团体教练式干预，也就是在团体教练中依次围绕每个团体成员的360度调查报告讨论开去。360度调查报告提供的自我评价（被测评者自己如何看自己）和他人评价（被测评者身边的人如何看被测评者），特别是自我评价与他人评价之间的差异，可能唤起团体成员的强烈情绪——一个关键的促变因子。除了用于上述两个长期培训项目的团体教练以外，我还开发了一个可以用于短期培训项目的团体教练。这些短期培训项目构成了IGLC、KDVI的基石。

IGLC 是我 2003 年创办的，目的是协调领导力团体教练和领导力研究；IGLC 建立了一个动力学导向团体教练人才库，收录了很多来自其他机构的一流教练师，还收录了 INSEAD 从自己培训项目中挑选出来的一些毕业生。自那以后，我们在各种短期培训项目中一共对 10 000 多名经理人进行了团体教练（一共对 80 000 多人进行了 360 度调查，这里的 80 000 多人指被测评者本人以及被测评者身边的人）。我们的各种短期培训项目，年复一年都场场爆满。

令我非常满意的是，我首次在 CEO 培训班上尝试领导力团体教练 20 年后，领导力团体教练的根系已经从我自己的一亩三分地里远远蔓延开来。我在 IGLC 培训过的学生、在 IGLC 与我合作过的教授，正把领导力团体教练用在公司以及其他大学的经理人培训项目中。一个围绕领导力团体教练的大型虚拟社区形成了。我培训过的学生，分布在世界各地，包括加拿大、巴西、马来西亚、印度、澳大利亚或韩国等地方，有些成立了咨询公司，有些继续做 HR 或领导力开发总监，让领导力团体教练理念融入了很多世界一流组织的日常生活。团体确实有强大作用，而且如我梦想的那样正在改变人类的生活。

**你认为团队合作的优点是什么？**

琢磨以下问题，根据自身情况回答“是”或“否”。

| | 是 | 否 |
|---|---|---|
| • 你相信团队合作提高效率和效益吗？ | | |
| • 你认为团队合作提高产出质量吗？ | | |
| • 在你看来，以团队形式工作，决策更快吗？ | | |
| • 你认为团队合作加强承诺吗？ | | |
| • 在你看来，团队合作有利于每个人发挥最大作用吗？ | | |
| • 你认为团队合作有助于思想交流和观点碰撞吗？ | | |
| • 你相信团队合作增强归属感吗？ | | |

**如果大多数问题你都回答“是”，那么你已经做好了从团队合作里获得巨大好处的心理准备。**

## 领导力团体教练：是门艺术还是技术

当我用批判眼光审视领导力教练行业，我看到很多人是觉得这一行很挣钱才从事这一行的（更别提所有其他类型的教练）。我看到有些教练师，把自己吹得神乎其神，其实只是稍微懂点运动员培训、大众心理学或团体动力学的基本知识。因为无知，所以他们像魔术师的徒弟。他们好像没有意识到他们正在释放隐藏在底层的力量，更没有意识到这些力量驾驭不好的话会造成什么伤害。坦率地说，我有时非常担心“蛇油销售员”① 在教练行业泛滥成灾。

创办 IGLC 时，我告诉加入该中心的教练师，(与其他中心不一样) 我不相信用千篇一律的方式进行团体教练有什么效果。我建议他们使用他们用起来觉得最自然的方式。我对他们的唯一要求也是重要的要求是，他们有一定的心理动力学意识。我想要他们有自知之明，知道哪些情况自己应付不了，需要求助于更懂心理治疗、精神分析或精神病学的人。

起初，我有些吃惊地发现，对大多数人而言，短期团体教练的效果竟然如此之好。这一点，我是从 IGLC 教练师收到的感谢 (反映在评分和评语中) 判断出来的。参与者十有八九大加赞赏团体教练，说他们在经理人培训项目的最好经历就是参加团体教练。教练师本人在每节团体教练结束后经常相互感叹这一天过得多么精彩，讲述转折点出现的那一刻。很多经理人在参加完团体教练数月乃至数年后仍与教练师保持联系，告诉教练师自己最近做了什么重大的职业决定或人生决定，还说自己能做这些决定与教练师的帮助分不开，因此要对教练师表示感谢。教练师经常对我提到，每当看到经理人经过他们的教练能够独立做选择，他们

① 蛇油销售员，意思等同于卖狗皮膏药的。——译者注

就觉得很有成就感。当然，这些话不仅适用于短期团体教练，而且适用于打造高绩效高级经理人团队。

**最佳体验与最糟体验**

- 作为主持者，你在这节团体教练的最佳体验是什么？
- 作为主持者，你在这节团体教练的最糟体验是什么
- 作为参与者，你在这节团体教练的最佳体验是什么？
- 作为参与者，你在这节团体教练的最糟体验是什么？
- 在这节团体教练中，你见到哪个人（包括你自己）出现转折点吗？

2010 年，我们为 INSEAD 的“变革咨询和教练”举行十周年庆典。在庆典活动期间，我反思了这些年的成就。我认识到，我参与开发了一项干预技术，这项干预技术经证明对经理人极其有用，往往能让他们的人生出现转折。这是令我得意之处，但是也有令我忧虑之处。这些年来，大多数教练师好像都没分析团体教练是如何起作用、为什么起作用的。我们的口号是“相信团体教

练”（这个口号不是随便选来的）。经理人尽管觉得参加团体教练很刺激，但是好像也不明白为什么这种干预如此有效。好像没人想过这个技术背后的逻辑。这让我担忧。直觉在团体教练中非常重要，但是我还是觉得有必要弄清团体教练成功的原因，以及哪些因素可能造成团体教练的失败。不搞清楚这些，团体教练式干预就有变成又一管理时尚的危险。我们在开发经理人团体教练上做得很成功，可是，就此觉得满足不思进取的话，经理人团体教练就有可能变成一项危险的消遣。

***“进展顺利，教练就像魔术。”***

我总是高兴地看到，教练师在一天的团体教练结束后尽管精疲力竭但精神愉快，因为他们觉得自己让他人发生了有意义的变化。进展顺利，教练就像魔术。随着时间的推移，很多教练师把这个魔术视作理所当然。但是，如果教练师不理解造就奇迹的力量，即起作用的团体动力，那么教练进展不顺，教练师就会茫然失措。另外，他们也许没有完全意识到自己的行动会如何影响团体动力。他们也许让参与者暴露出人生史中非常敏感的东西，又没能给予足够的、恰当的处理，结果让参与者一直惴惴不安地悬着。他们也许让参与者的生活变得一团糟。总而言之，只有当教练师不仅相信团体教练而且理解决定团体教练成败的团体动力，奇迹才会发生。

## 一次领导力团体教练

在讨论团体过程的明显特点以前，我先带读者深入一个正在进行团体教练的领导力教练师的内心世界看一看。我总说，领导力教练就像破案。刚开始你其实并不知道问题是什么，更别提解决方案了。你唯一能做的事情就是寻找模式和主题，然后努力描绘一幅图画，把你侦察到的不管是显性还是隐性的东西都画进去。随着图画渐渐变得明朗——随着团体动力把问题凸现出来——团体成员可以开始评估选项。下面的“破案”故事，囊括了领导力教练师各种可能的体验。

## 你听懂了吗，华生医生?

你应某中等规模全球性银行的邀请为其高级经理人团队做一次团体教练。早晨，你在宾馆房间里醒来，肾上腺素水平陡然上升。你瞟了一眼床头钟——才凌晨 4 点，你只睡了几个小时。在陌生的宾馆房间，你总会发生这种事情。你早上 8 点动身都不嫌迟，可是你现在就醒了，而且你心窝处有很不好的感觉，这个感觉提醒着你，未来数天你将为这些银行家做一次团体教练。你起床了，吃了一点儿东西。接下来的两个小时，你重温了高级经理人团队 6 个人的 360 度调查报告和传记信息。你回顾了你对他们的访谈笔记——（给高级经理人做团体教练）你习惯了在团体教练开始前看看访谈笔记，免得在团体教练程中出现冷场。冷场太可怕了。你想了解一下对他们而言比较重要的话题。你想初步摸清他们之间的动力。你想知道他们之间是否存在一些“不可讨论的”话题。你看了你提前做好的 PPT，PPT 呈现的是你对那家全球性银行的观察结果。

你头天晚上其实一直在看报告、作诠释、画重点，但是你还是觉得有必要重温一次。有二份报告向你预示着，这次团体教练可能非常艰难。CEO 帕特里克的自我评价远远高于他人评价：这说明他很自恋吗？另外一方面，CFO 玛丽亚的自我评价很低，这说明她自尊低吗？第三份报告表明，零售银行业务最高负责人罗伯特，不仅在描绘愿景和赋能授权上得分低，而且在情绪智力上得分低。调查报告的评语部分暗示，周围的人觉得他很讨厌，因为他总是插手他们的工作。他可能是个很难处理的案例。然后，你提醒自己积极重构的重要性。为了让团体过程起作用，你需要很多积极观察来中和消极评价。

你推己及人地想到，这些银行家也许有几位同样没睡好；实际上，你睡不好，也许是因为你有压力：团体教练即将开始，你要负责创建安全的、放松的环境，让他们探索自我，想办法变得更有效。

当然，作为领导力教练师，你受过很多训练，积累了很多经验。你回忆起，多年以前，你作为参与者经历了一次团体教练

(那次团体教练很像你这次要主持的团体教练)，完成了你自己的360度调查问卷。那次经历真的很有效果；团体帮助你重新看你的职业发展，这间接导致你决定自己做个教练师。经过进一步培训后，你开始给一些资深教练师做助手，在他们做团体教练期间默默地观察他们。这些教练师都十分杰出，能够游刃有余地处理各种不同团体，你从中学到了很多。

时间到了。你进了宾馆会议室。因为前面访谈过高级经理人团队的6个人，所以你认识他们。寒暄之后，你告诉他们这一天的活动安排。你想首先简要介绍一下领导有效性、高绩效团队和高绩效组织的概念，然后谈谈他们自己的组织，最后讨论调查报告。

你的介绍引发了激烈的讨论。随后，你告诉参与者：通过对他们以及组织里其他一些关键人物的访谈，你对他们的组织形成了若干认识。你强调，这些仅仅是初步印象，其中有些可能错得离谱。不管你对他们的组织形成了什么认识，当你说出你的这些认识，你会引发非常激烈的讨论；一些在其他情况下“不可讨论的”话题，他们也会激烈地讨论。你认识到，在这家银行，“房间里的大象”之一就是IT平台的状态。出于成本和风险方面的考虑，各地分行不愿创建一个集中的IT平台。你提到了这一点，但没让他们纠缠这一点。不用多说，房间里的每个人都知道这是一个问题。

快到下午 6 点，是时候进行下午最后一个内容了。你想用参与者填写的两份问卷启发他们。你解释全球性经理人领导力问卷（Global Executive Leadership Inventory，简称 GELI）和人格审计（Personality Audit，简称 PA）（见附录）的基本特点。你希望这次简要介绍有助于他们理解调查报告。你向他们解释，调查报告不该视作定论——人太复杂，仅凭一份简单问卷很难准确全面地把握住。调查报告只是开启讨论的工具。你还告诉他们，明天，在讨论期间，他们所有人都会成为解读问卷的专家。

作为当天最后一个内容，你让他们给自己画像。听你这么要求，他们好像不是特别高兴，但是你已经习惯了那样的反应。你哄他们说，他们的孩子都会画，他们曾经也是孩子。于是，他们照办了。你给他们发了彩笔和画纸，让他们花 20 分钟画画（期间不准说话）。每个人一共画 7 幅画，分别代表自己工作时的样子、休闲时的样子、过去的样子、未来的样子、脑袋里的样子、心脏里的样子、肚子里的样子。实际上，完成自画像练习后，大多数人为自己的作品感到骄傲。

把这些“杰作”贴到墙上后，就是时候把装有调查报告的信封发给他们。你建议去酒吧喝一杯。在酒吧安顿下来后，他们有些人就迫不及待地打开信封，着急知道别人如何看自己。另外一些人没有那么紧张调查报告。你告诉他们，你期待第二天的团体教练。

第二天早晨，你问他们睡得好吗。他们做了什么有趣的梦或噩梦吗？他们期待这一天有何收获？令你失望的是，没人愿意主动讲述自己的梦。不仅如此，投资银行业务最高负责人马克还很不委婉地说："我希望这个活动不是浪费时间。我以前做过很多360度问卷之类的东西，我就是不感兴趣。你应该从访谈里了解到，这些团体性质的东西其实不是我的那盘菜。"幸运的是，玛丽亚站出来维护你了。她对马克说，她觉得团体式干预可能非常有帮助。她还说："马克，你真的觉得我们合作得很好吗？我们在团队合作上的得分并不高。我们就不能做得更好一些吗？"玛丽亚说完后，你补充说："马克，我明白又做一次360度问卷可能非常累人。我确实重视你的看法。我认为你的评语对团队非常有价值。"这个时候，帕特里克插话说："得了，马克，冷静点，随大流吧！"

你在心底默默庆祝跨过了当天的第一道坎。在进行第一个活动之前，你向团体强调了一下基本规则："不要造成任何伤害。"这句话引自希波克拉底（Hippocratic）的行医誓言，在这里的含义是：进行这样的活动，重要的是每个人都不受到伤害。你还告诉他们，这个房间里所发生的一切都是保密的。另外，你用轻微玩笑口吻提起，还要遵守另外一条黄金规则："趁冷打铁。"你向他们解释说，在干预过程中，你也许形成了很好的见解，可是当时的情况不允许你说出来，这个时候紧闭嘴巴要好得多。

你提醒团体说，他们的任务是在你的促进下，每个成员轮流讲故事，其余人认真倾听。故事围绕自画像和调查报告展开。途中，你会提一些问题，以更好地理解讲述者的人生史。你告诉他们，你在控制时间。一般而言，每个成员有 90 分钟到两小时做这个“热椅子”练习。

你让罗伯特第一个来。他首先解释了他的自画像。他的解释非常敷衍、浅薄。从他的解释里，了解不到什么东西。他讲述的人生史，大都围绕他在银行的工作经历展开。他按时间顺序罗列他做过的职位，仔细描述了每个职位的工作内容。他的讲述非常单调乏味，尽管如此，他的职业发展史给人留下了深刻印象。他在银行升得很快，目前是零售银行业务最高负责人。一段时间后，玛丽亚打断了他，就他的过去画像提了一个问题。她指出，他的过去画像看起来很暗、很小，与其他几个画像不搭调。罗伯特停了下来，做了一次深呼吸，然后说起他小时候的事情。在他只有 9 岁的时候，他的父亲就去世了，留下了 5 个孩子，他是最大的一个。父亲去世后，他成了家里的“男子汉”。他说这是自然而然又没有办法的事情，因为他的母亲仅仅为了让 5 个孩子有地方住、有食物吃就已经忙得不可开交，他要帮助母亲不让家散了。

团体好像感觉到了，罗伯特需要进一步探索这个故事。于是，他们去看罗伯特调查报告的评语部分，发现很多人说罗伯特管得过细、非常烦人。还有一些人说，罗伯特很有潜力，本来可以更高效，可是他好像因为事情太多而没有时间考虑战略层面的问题，而战略观对他的职位很重要。他在 GELI 描绘愿景上的他评分数说明，他在这个方面有待改进，尽管他的自评分数很高。玛丽亚也指出，罗伯特周围的人好像认为他情商不是很高，从他的自我评价来看，他自己好像同意这一看法。“你认为结果准确吗？”玛丽亚问。

罗伯特回答：“我知道大家认为我不会倾听，我经常没耐心。我喜欢打断别人说话。而且，我就是没时间做交际‘花’。我必须监控重要账户和资金动向。银行家现在被管得很严。我也同意，我应该花更多时间考虑战略层面的问题。但是，不关上门我就不能做那个。不知何故，从未达到那个高度。”

这个时候，你告诉罗伯特，是时候让他倾听了。不管别人说什么，他都不要反驳、辩解，只能听着。为了推进讨论，你让大家做个“动物园”练习，即让大家说说觉得罗伯特像什么动物。大家现在相当了解他了，会把他想象成什么动物呢？这个练习活跃了气氛。一个团体成员把罗伯特想象成海狸，因为他好像总是很忙。另外一个团体成员把他想象成蚂蚁，影射他过于一板一眼。玛丽亚说，她觉得他像狗，导盲的那种。她说，他需要掌控一切，这有时让她生气。她还说，银行有些人说他有点儿控制癖。她提醒他说，他们吵过几次架，他不考虑别人的感受，他总想插手一切，经常让她很生气。看到大家把罗伯特想象成的各种动物，玛丽亚温和地问其中是否存在什么模式：罗伯特在很小时候就能做家里的男子汉。他是那种把什么都往自己肩上扛的人。但是这个角色现在仍然合适吗？他仍然认为自己在某种水平上必须是那个“不让家散了”的人吗？这个家不仅指他自己那个小家还指公司这个大家。马克补充说：“罗伯特，你知道，听你讲你的经历，我认识到你是多么能干，但是与此同时，你不是那种我想为之工作的人。我得到的印象是，你管得过细，这可能十分令人压抑。然而，听你讲你不得不说的那些事情，我还认识到，你是一个非常关心公司、关心下属的人。人们看不到你的另一面，真是太糟了。”

你觉得这是结束反馈的很好时机，于是让团体帮助罗伯特找出他的哪两三样行为可以在接下来几个月加以改进。你还说，在 6 周后的团体电话会议中将讨论行动计划的进展情况。你给团体提出的问题是：“作为罗伯特的朋友，你想给他什么建议，让他变得更有效？”大家纷纷发言，给罗伯特提了几个很有见地的建议。团体还帮助罗伯特明白，努力提高情商并不是浪费时间。相反，多花时间倾听下属，而不是只给下属下命令，可能有很多收获。

现在，是时候让罗伯特开口了。他首先对马克笑了一下，然后说：“谢谢马克和玛丽亚的评价。从来没人给我这么真诚地提意见。我的母亲仍然指望我做家里的顶梁柱，即使她的所有孩子都长大了。但是，我猜我习惯了那个角色，太习惯了，以致在工作中也会不自觉地扮演那个角色。我认识到了，我有时可能非常讨厌。”

罗伯特继续说，他决定抽时间与每个下属进行一次真正的谈话，请他们帮他更好地管理零售银行业务团队。他还说，他打算找个时间与另外几个高级经理人一起吃个饭，以更好地了解他们。另外，他打算跟他们讲讲他的调查报告，请他们帮助他不要管得那么细。显而易见，他与同级之间的横向关系也有值得期许之处。另外，他还会每年安排两次场外会议①，与整个零售银行业务团队讨论零售银行业面临的一些战略性问题。

余下成员一个接一个坐“热椅子”。那天结束之际，你建议轮到 CEO 帕特里克坐“热椅子”（你经常把 CEO 留到最后一个或者倒数第二个坐“热椅子”）。你问帕特里克看到调查报告有何感受，他没有拐弯抹角，而是立即说，不太高兴。调查报告让他明白，他一直生活在虚幻世界，他一直在独断专行。听帕特里克进一步解释自画像和调查报告后，是时候让他安静下来倾听了。

讨论了他的“动物园”后，交流真的开始了。银行风险最高负责人乔真（Jorgen）第一个说：“帕特里克，我喜欢为你工作，但是你经常表现得像匹赛马，跑得太快。如果你时不时回头看看

① 在公司外面举办的会议，这个外面一般是度假村之类的场合。——译者注

其他马是否还在跟着你，那就太好了。太经常了，你把我们远远抛在后面，让我们觉得迷茫，至少我这么认为。一般情况下，我害怕这么说。我认为你不会理解。而且，我经常并不知道，你跑得这么快是想跑往哪里。有时，你的行为让我真的自卑。别消极地理解这句话。我把你视作伟大的梦想家，但是，如果你不解释清楚你想实现什么目标，我们就很难跟得上你。理解你，并不是一件容易的事。”

这个时候，玛丽亚插话了："即使我们想让你慢下来，你也不予理会，而且弄得好像我们这样做是错的似的。你也有问我的看法，但是我经常觉得你其实并不在意我的答案。你的身体语言告诉我，不管我说什么，都没多大关系。我与乔真一样认为，与你打交道，我们觉得自卑。我也不知道，我们现在正在给你提的意见，你是否真的在乎。我从未真正了解你的想法。”

其他人好像与乔真、玛丽亚有着同样的感受。接下来，大家围绕着“赛马不回头看看，很难读懂赛马”的主题讨论了一段时间。“作为朋友”，团体成员就帕特里克如何变成更高效的CEO提了几个建议。

你觉得是时候让帕特里克说话了。看着他，他好像不再那么自信，而是蔫了很多。他的开场白是："你们也许不这么想，但是你们坦率的评价真的让我很受感动。真的很感谢你们能对我说这些话。问卷的结果和你们的评价让我认识到，我必须尽快做点什么事情，改变与你们的互动方式。现在的模式需要打破。

“为了解释我为什么变成现在这样，我也许应该再讲几件有关我的事情。首先说说我总是很好胜。我一直在自省，通过反省，我认识到了，我形成这个特点主要是因为我的父亲。为了引起他的关注，我做了很多事情，可是不管我做什么，他都不欣赏。我认为——我的妻子也经常这么说——这就导致我形成了一种‘我不在乎’的态度，我用‘不在乎’来掩饰‘太在乎’。我了解到，如果我表现得真的在乎，那么我的父亲就会嘲笑我、打击我。根据妻子的说法，我变得特别擅长摆扑克脸。我现在认识到，我的这种行为严重影响到了你们所有人。过去幽灵仍然时常出没，但是我认识到，我应该驱赶过去幽灵，尝试不同的人际交往方式。”

说完这些，帕特里克沉默了，但是他的沉默并没有隐含意味，并不让人觉得压抑。你认识到，他需要给自己一点时间。你还注意到，玛丽亚看起来不自在。你看着她，鼓励着她对帕特里克说：“你也许认为我们的评价有些苛刻，但是我要谢谢你为了提高我的领导有效性而教给我的一切。”

一阵沉默。现在，你急着想弄清楚团体的情绪状态。为了处理你自己的焦虑，你问玛丽亚此刻有何感受。玛丽亚回答说：“我无法确切地描述我的感受。不过，我想给你讲讲我昨晚做的一个梦，这个梦现在仍然困扰着我。不知为何，这个梦就是不断在我脑中回放。梦是这样的：我正在开车，但是很难开好，因为我遇到了龙卷风。车失控了。我想尽一切办法握住方向盘，但就是握不住。突然，路上不知从哪儿冒出一个人。他看到了我，但是没有让路。为了避开他，我设法打方向盘，但是没打好，撞到了树上。那一刻，我醒了。当时的感觉不是很好。你怎么解释那个梦？”

你不太确定要如何回答。幸运的是，乔真跳了出来，说几天前他一直在和他的孩子一起看《绿野仙踪》。你大概知道这部电影的寓意，但是你没有马上发表意见，而是让乔真继续把话说完。马克问这个电影讲的是什么。乔真跟他讲，桃乐西，无父无母，与叔叔婶婶一起住在堪萨斯一家肮脏的农场。有一天，她做白日梦，梦到自己顺着“彩虹”滑到了另外一个世界，一个色彩斑斓的世界。后来，她的梦想变成了现实：一阵龙卷风把她和她的小狗托托带到了神奇、美丽但危险的奥兹国。桃乐西在那里结识了几个朋友：一个稻草人、一个铁皮人和一头胆小的狮子。稻草人最大的愿望是有个大脑，铁皮人最大的愿望是有颗心脏，狮子最大的愿望是有勇气，而桃乐西本人迫切地想找到回家的路。桃乐西和这几个朋友一起去寻找奥兹国的巫师，希望他能把他们一直在寻找的东西给他们。

这个时候，玛丽亚插进来说：“我们不也是在寻找吗？这个故事的梗概不是有点儿像我们今天在这儿做的事情吗？要是我记得没错，奥兹国的巫师好像住在一个神奇但恐怖的地方。桃乐西像我们一样是个普通人，但是她敢于直面挑战。尽管她是个单纯无害的小女孩，但是她杀死了东西方邪恶的巫师。”

乔真接着她的话说：“对，玛丽亚，就桃乐西及其同伴的遭遇来看，事情不像表面那样简单。稻草人认为自己需要大脑，但是每当那四个家伙陷入困境，都是稻草人想到了脱困办法。铁皮人认为自己没有心，但是他是那么多愁善感，总在哭泣。狮子表面上是个胆小鬼，但是每当大家遇到危险，总是他击退了危险。巫师表面上伟大强悍，但是原来是个懦夫。

“桃乐西的寻找是成功的，因为她有这么多杰出又神奇的朋友在帮助她。她的同伴，像她一样，各自已经有了各自一直在寻找的东西。他们只是需要自己发现这一点。说得更具体一些，桃乐西是一个有效的领导者，她用一个没脑子的稻草人、一个没有心的铁皮人、一个没勇气的狮子组建了一个有效的团队，成功完成了任务。”

玛丽亚继续说：“我们今天已经看到，像罗伯特那样的人，表面上很难相处，实际上只是想确保下属不受伤害、不缺什么。这次团体教练，就像奥兹国游记，是充分发挥个人长处的机会。我们要像桃乐西及其同伴一样，发现自己真正的长处，实现个人成长和发展。”

但是，玛丽亚并没就此停止。她继续说：“乔真，我不知道你为什么提及《绿野仙踪》，但是这部电影好像触动了我内心的一些东西。你想帮助大家发现自己的长处，我认为这是对的。罗伯特，我跟你提意见时的语气可能太冲了，我要为此说声对不起。虽然我认为我的评价确实有几分道理，但是我本可以委婉一些的。听乔真说《绿野仙踪》，我突然领悟了一点。从刚才的讨论中我大概推断，一个人的家庭模式好像对一个人的性格有很大的影响。我刚刚意识到，罗伯特的行为之所以经常让我如此生气是因为他让我想起了我的弟弟。在我们成长的过程中，他经常让我烦透了。他从来不听我的意见。他总是比我懂得多。实际上，突然出现在我梦里的那个男人挡了我的路，就像我的弟弟一样。莫名其妙地，有罗伯特在，我就不由自主地采用我在人生早期习得的那种行为模式。”

这个时候，罗伯特回应说："没关系。玛丽亚，你确实让我生气了，但是你说的有一定的道理。实际上，你的评价与 360 度调查他人对我的评价是一致的。我非常擅长破坏我不认同的事情。但是，我没有真正解释我的想法，我认识到这可能让人烦透了。”

一天渐渐接近尾声。每个人都坐过“热椅子”，用自画像破冰，讲述自己人生的高潮与低谷，听取团体其他成员就调查报告提出的意见。随着时间的过去，大家越来越适应团体过程和团体氛围，很能放得开了。连马克都做了很有见地的陈述，用过去的几个问题解释了现在的一些行为。此外，随着讨论的进行，更系统的组织轮廓出现了，包括 IT 方面的问题。就如何解决这个问题，大家提出了具有建设性的建议。

在第二天早晨的总结环节，房间里的每个人都弄清了自己需要改进哪几点以及如何改进。他们已经（至少在潜意识里）意识到了其中的几点，但是从未就这几点真正做过什么。还有一些团队层面的问题需要他们的关注。你向他们强调，两个半月后大家还会聚一次，来详细讨论每个人的改进进展。你还提到，在两个半月后的聚会中，大家也有机会进一步讨论银行面临的各种各样的挑战。不过在那之前，也就是 6 周后，大家会开一次电话会议简要汇报改进进展，现在要把电话会议的具体时间确定下来。而且，你还要求团体成员两两搭配起来做彼此的“同伴教练师”——定期联系，为改进提供鼓励、挑战和支持。

大家都离开了房间，每个人都与你热情地握手。他们谢谢你让他们在这几天过得这么有意义，告诉你他们真的期待再次见到你。你觉得是时候出去走走，呼吸一下新鲜空气。你需要把过去几天发生的事情从脑海清除掉。魔术又一次成功了。

## 团体教练：一次社会学习经历

我播放这个团体教练短片是想说明，团体教练背后的原理是社会学习。团体成员通过认同彼此、认同教练师而学习。团体教练十分强调互相支持下的自助。通过参与、观察和互动，团队成员开始改变惯有的思维、感受和行为模式。教练师和团体其他成员施加的压力、提供的反馈，可以促进行为矫正。渐渐地，特别是如果团体教练不是只有一次的话，那么团体成员在勇敢地对话过后会提高自信、发展领导技能、变得更擅长解决自身问题并教练他人。

社会学习过程中，有多重动力在同时起作用。一重动力是个体对团体，也就是热椅子上的人讲述自己的人生史，团体予以关注和反应。第二重动力，我把它叫作“云动力”。云计算大家听说过吧，它就是通过互联网把用户与远程数据中心连接起来，让用户不用耗费巨额资金自建数据中心，只需缴纳很少费用使用远程数据中心的计算资源。其中，远处数据中心的计算资源就叫云，它是成千上万台个人电脑集合而成的。像云计算中的“云”一样，云动力中的“云”指随着讨论的进行而浮现在团体集体意识中的各种主题的集合。这些主题可能是焦虑、激怒、嫉妒、无聊、敬畏、求胜心或者为某个成员突然领悟了某一点而集体松一口气。团体往往不会动这些主题，即使这些主题影响着团体里的每个人。

然而，一些比较敏感（或者比较有效）的教练师，会在恰当的时候指出“云”里的这些主题。当团体讨论出现停顿，也许可以做下“云观察”。例如，乔真和玛丽亚就对罗伯特做了“云”观察：用《绿野仙踪》的故事，委婉地表达了大家对罗伯特那些恼人之举的不满。而且，正如我们在上述团体教练短片里看到的那样，梦可以起到重要的催化作用。

第三重动力是，团体对教练师。教练师最重要的作用之一就是为团体创建一个安全的空间，让团体能够谈论那些沉重的话题——很有可能是第一次谈论。教练师需要监控团体的情绪状态并理解各种情绪背后的含义。例如，团体弥漫着强烈的焦虑感，也许意味着团体成员在积极地合作创建集体云。这个时候，主题性模式往往会浮现出来。例如，在上述团体教练短片中，玛丽亚与帕特里克的互动导致乔真提起了一部表面上与讨论不相干的电影。这次离题让玛丽亚和帕特里克都有了新的思考。

**你的梦，想告诉你什么？**

**回忆最近做过的一个梦，问问自己这个梦代表什么。**

- 我的梦代表一个冲突，这个冲突烦了我有一段时间了。
- 我的梦代表一个迫在眉睫的危机。
- 我的梦代表对人生的一个重要领悟。
- 我的梦代表一种特别的情绪状态。
- 我的梦代表用另外一个方式看我自己。
- 我的梦代表我与一个熟人之间的移情模式。

- 我的梦是防御性的，掩盖了我真的不想处理的一个问题。
- 我的梦代表一个难题的解决方案。

**你能在你的梦里找到其中某个主题吗？如果能，那就要注意了——这些梦可以帮助你更好地了解你自己。**

***“讲述自己的人生史（还有人在一旁尊重地听着），可能有很强的宣泄作用。”***

团体动力的一个非常重要的成分是宣泄体验。讲述自己的人生史（还有人在一旁尊重地听着），可能有很强的宣泄作用。而且，听其他团体成员讲述人生史，团体成员认识到，并不是只有自己觉得困惑。认识到有些问题很多人都有，看见其他人也为同样的问题挣扎，我们就会轻松很多。这个“原来大家都这样”效应有巨大好处。相互认同（即觉得彼此有共同点）可以提供很多机会给团体成员讨论其他可能的行为模式。相互认同也有利于团体成员相互支持和相互指导。

有过团体教练经历的人很快发现，团体成员会自发地相互教练。通常，团体某个成员会无意识地挑明其他某个成员的未尽之言。某个成员的梦、幻想、色心、屏蔽记忆、移情反应[①]、躯体

① 想进一步了解移情，请见第 4 章。

症状或情绪状态都可以外化出来，在整个团体引起共鸣。这种挑明，可能带来领悟、促进变化。

在上述团体教练短片中，我们也能看到诠释的重要性，这里的诠释主要指诠释人生中的模式和主题。有一点，我在团体教练中没有多费口舌向团体成员介绍，但在这里要跟读者强调一下：团体教练借鉴了心理动力学范式。心理动力学范式主张，我们的很多行为模式在人生早期阶段就形成了（我们在第 4 章会再次讨论这一点），那些在我们小时候极其有用的行为模式也许在我们长大后完全不适用了，正如罗伯特的故事和帕特里克的故事暗示的那样。团体教练可以鼓励人们尝试新的行为模式。

正如团体教练一词暗示的那样，我还借鉴了亲和动力（或者社区感）。让所有参加团体教练的人作为一种“部落”共同生活一段时间，有助于他们形成归属感（即感觉不管做什么都能得到其他团体成员的支持），这种归属感是非常有用的促变剂，在团体教练结束很久后仍有很强效果。如果参加团体教练的人就是组织中的某个工作团队，那么效果会尤其好。

要让团体教练发挥最大作用，教练师应该意识到团体动力的所有这些基本成分。曾经有人说，乐队最重要的人是指挥，因为指挥要统筹全局。为了让演奏成功地进行，指挥需要具有渊博的音乐知识，即熟悉各种乐器、音乐历史、音乐理论、作曲家的人生、演奏者的能力，而演奏者只需了解自己演奏的那部分曲子。

***“要想做到有效，促变者需要能够不断转换焦点和重点。”***

帮助打造高绩效团队，与指挥乐队非常相像。要想做到有效，像团体教练师那样的促变者需要能够不断转换焦点和重点。他们需要密切关注团体每个成员的人生起伏，解读每个成员的内心剧场。与此同时，他们需要密切关注团体作为整体的动力（以下简称“整团动力”）及其对每个成员的影响。

立志于打造高绩效团队的人，还需要知道怎样解读依恋行为、移情过程、镜像以及情绪传染和社会传染，知道怎样识别退化力量和进步力量，明白偏执和抑郁的本质，从线性角度、元神话角度和螺旋角度理解团体的发展和演化（后面几章会讨论这些主题）。另外，他们需要十分娴熟地把自己用作工具。他们需要明白是什么让他们生气、悲伤、难受或高兴。

**是什么让你生气、悲伤、难受或高兴？你怎样管理情绪？**

- 是什么让你悲伤？想想你在哪些情况下感到悲伤。
- 你怎样表达你的感受？那些情绪体验中有些是可以避免的吗？
- 是什么让你生气？你怎样表达你的愤怒？你能想出其他处理愤怒的方式吗？

- 是什么让你难受？哪种情况下你会难受？你怎样处理这些感受？你怎样克服这些感受？
- 是什么让你高兴？想想你在哪些情况下感到高兴。有办法让你更高兴吗？你能想到哪些可能的办法？

**写下你的答案，反思一下。这会让你更加了解你的情绪管理方式。**

在团体干预期间，个体惯有的交往模式会在团体小世界里展开。他们会重建他们所在的社交环境。他们也会重现他们那些可能不利于适应的行为。这样，团体成员之间的互动、整团动力就很有启示意义，可以揭示很多东西，如果教练师有很强的控场能力的话。

***“在团体教练中获得的领悟，往往可以应用到工作和生活中。”***

这样，团体教练成了一种图书馆，展示着各种动力——不仅展示显性的行为模式，而且展示更潜在的行为模式。利用这些动力提供的绝佳机会，团体成员可以观察、评论这些行为模式及其后果。在其他团体成员的鼓励下，每个团体成员可以探索如何改变自己那些僵化的、仪式化的行为。在团体教练中获得的领悟，往往可以应用到工作和生活中。团体教练的目标是，让每个团体成员都有“啊哈”体验，也就是更加了解自己的行为，进而更好地根据组织要求调整自己的行为。

在团体教练中，领导力教练师和参与者应该准备好“以自己为工具”来更好地理解自己的内心剧场，（在恰当的时间）“用自己的幻想”做云观察。团队教练与传经论道有很多相通之处，禅师应该非常擅长做云观察。

例如，中国有则庄周梦蝶的故事：庄周梦见自己变成蝴蝶，很生动逼真的一只蝴蝶，感到多么愉快和惬意啊！不知道自己原本是庄周。突然间醒过来，惊惶不定之间方知原来是我庄周。不知是庄周梦中变成蝴蝶呢，还是蝴蝶梦见自己变成庄周呢？类比到团体教练中的转换焦点，就是：“那个萦绕在我脑中的幻想，是我自己的幻想，还是团体作为整体的幻想？”

# 第 3 章　领导力教练与高绩效团队

每件大事都是由一系列小事组成的。

——文森特·梵高（Vincent van Gogh）

唯有能在自己认为重要的事情上发挥所长的人，才是快乐的人。

——亚伯拉罕·马斯洛（Abraham Maslow）

想要达到一个目标，就必须设定一个比这个目标高得多的目标，这看起来很矛盾，却是生活的重要原则。

——阿诺德·汤因比（Arnold Toynbee）

一群青蛙蹦着穿行一片沼泽，突然有两只掉进一个很深的坑里。其余青蛙聚到坑边，看看能否帮上忙。它们看到坑很深，认为掉进去了就没法跳出来，就让那两只可怜的青蛙放弃希望等死。

那两只青蛙不愿认命，使出浑身力气往外蹦。其余青蛙不断给它们泼冷水，坚持说它们没有希望了，最好的办法就是节省精力耐心等死。其余青蛙还说，它们如果听长辈的警告小心一点儿，就不会陷入这种绝境。

但是，那两只青蛙还是继续尽力往外蹦。渐渐地，它们累了。最后，其中一只听信了坑外青蛙的说法，在它们的悲伤注视下，放弃了挣扎，倒地死去。

但是另外一只青蛙更有毅力，继续努力跳着，尽管已经累得浑身发疼。坑外青蛙仍在不停地告诉它不要再费力气，劝它乖乖等死。但是，它置若罔闻，跳得越来越卖力，也越来越高，终于跳出了坑外。看到它竟然跳出来恢复自由了，坑外青蛙纷纷道贺，还问它："为什么我们让你放弃，你却一直跳着？"

它惊讶地盯着它们。"但是，我的朋友，"它说，"我听不见。那么远，我读不到你们的唇语。看到你们挥手呼喊，我以为你们在鼓励我**不要**放弃。所以我才一直跳啊。"正如这则寓言告诉我们的那样，队友的支持可能非常有用。在他们的支持下，你也许会创造奇迹。

## 团队变迁

***"明天的网络型组织别无选择，只有接受个人英雄式领导的消亡。"***

随着全球化趋势越来越强，世界变得越来越复杂，个人英雄式领导渐渐成了文物。坦率地说，尽管大众喜欢把领导者想象成无所不能的英雄，但是领导者不能包揽一切。21 世纪是团队的时代。明天的网络型组织别无选择，只有接受个人英雄式领导的消亡。在今天的组织，重要的是横向沟通和高度互依。这导致最高领导者独自一人很难做好决策把关人。

在今天的组织当领导者，需要懂得如何相互合作、影响他人、解决问题——情商高；擅长分析复杂的情境、理清纠结的价值链；知道怎样处理组织低效，明白组织中其他利益相关者之间的相互依赖；愿意学习领导技巧，用这些领导技巧激励员工发挥最大潜能。明天的组织所需要的经理人，应该既会利用团队的优点又会处理团队的缺点，知道怎样做个有效的团队合作者。正如我前面说过的那样，今天的工作世界所需要的经理人，应该能够超越理性—结构组织观，关注那些在组织生活中起作用的潜在的非理性力量。

近 10 年来，组织削减管理层级、增加管理跨度、建设 IT 网络，越来越依赖跨部门虚拟团队提高决策质量。然而，高度多元化的虚拟团队也有自己的问题。多元化尽管有利于创新，但是不利于合作。团队越多元化，团队动力就越复杂；团队动力越复杂，就越难管理；稍有不慎，退化的团队动力就会控制团队，让团队出现严重不良的行为模式。足够悲哀的是，严重不良的行为模式盛行开来，最终往往会毁掉整个组织。

工作世界的普遍变化给经理人造成了巨大压力，不过经理人可以把巨大压力转变成巨大动力。这些变化尽管可能带来苦恼、恐惧或焦虑等消极情绪，但是也可能为成长、发展和创新等提供机会。宏观层面的变化可能有助于组织复兴，中观层面的变化可能提高团队绩效，微观层面的变化可能有助于个人重生。

| | **传统团队** | **虚拟团队** |
|---|---|---|
| 距离 | 近 | 空间上分散 |
| 沟通 | 面对面 | 互联网 |
| 任务 | 简单 | 更复杂 |
| 角色 | 单一 | 多重 |
| 结构和程序 | 简单 | 更复杂 |
| 寿命 | 长 | 短 |
| 文化 | 单一 | 多元 |
| 时间 | 不连续 | 连续 |
| 团队发展 | 渐渐地 | 需要更多预先投资 |
| 领导力 | 指挥式 | 自我管理 |

**你工作的团队是传统团队还是虚拟团队？对照以上内容判断你属于哪种团队。**

## 何时插入领导力教练

当不良团体动力盛行开来，当经理人不能发挥最好水平，代价可能非常大。就是主要因为这一点，所以领导力教练才成为一个发展如此迅速的行业。在领导力开发上做得好的组织，长期业绩一般较好。对这些组织而言，“人是最大的资产”并不是一句空洞的口号，而是一个慎重的承诺。在这些组织，高管层利用领导力教练提高经理人的有效性，建设强大的互动网络。在高管层的帮助下，领导力教练可以帮助员工发展出有助于成功的品质；教练式干预可以让优秀的人变得更优秀。

领导力教练基于以下理念：在实践中学习，学习效果最好。这个理念的核心是从体验中学习。作为促变剂，领导力教练（不管是一对一的还是团体的）可以帮助组织成员应对这个不断变化的世界。

领导力教练是一种干预，可以在个人水平上进行，还可以在团队水平上进行，也可以在组织水平上进行。其目的是指导一个人或一群人实现一个具体的共同目标，帮助组织认清自己、明确方向、加快发展步伐。它就是帮助被教练者扬长避短、充分发挥潜能。

***“领导力教练就是帮助经理人确定具体的目标，找到实现目标的方式。”***

领导力教练就是帮助经理人确定具体的目标，找到实现目标的方式，因此也可以称作经理人教练。这样的教练利用被教练者自己的知识、资源和智谋帮助被教练者提高有效性。它起作用的方式是，帮助经理人认识自己，找到更好的沟通方式，塑造更有效的领导风格，培养决策技能和问题解决技能。有效的领导力教练师还帮助经理人发展认知能力、情商能力、动机、技能、知识和专长。他们帮助经理人提高战略与目标的一致性，挑战不合理的信念。经过领导力教练，经理人会变得更擅长建设性地解决冲突，加强承诺和问责，进而提高绩效。

尽管领导力教练越来越受欢迎，但是很多人搞不清楚领导力教练到底是什么。在教练这把大伞下，除了领导力教练外，还有绩效/技能教练、生涯教练、行为教练、生活教练和战略教练，它们之间是有区别的。绩效/技能教练重在通过传授技巧、培养技能提高绩效。生涯教练，顾名思义，针对个人的生涯发展。高水准的行为教练，关注情商，塑造更有效的领导风格。生活教练的焦点是个人成长和生涯发展，而战略教练的焦点是引入变革。这些不同形式的教练，可以相对容易地互相转变；进行重大的组织变革，所有这些形式的教练可能同时用到。光教练就有这么多形式，更别提在教练之外，还有带教、过程咨询、心理咨询和短期心理治疗，不过这些东西与教练之间的区别，这里就不介绍了。

***“教练要达到最佳效果，所涉各方必须绝对信任。”***

教练的实施也有多个形式。组织可以使用内部教练师，也可以使用外部教练师，或者两者都使用。内部教练师是组织的正式员工，外部教练师是从组织外面联系的。尽管内部教练师更熟悉组织的方方面面，但是使用内部教练师，可能很难做到为被教练者保密。提供给教练师的信息多大程度上会保密？会传给组织中的其他人吗？HR 部门会留档案吗？显然，教练要达到最佳效果，所涉各方必须绝对信任。有效的教练需要安全的空间——被教练者必须觉得自己与教练师之间的交流一定会得到保密，不会影响自己在组织中的工作和地位。使用内部教练师，总要考虑一个问题：他们是否能够设置并维护“保密墙”。当然，使用外部教练师，这个问题就不那么关键。

**你应该选择哪种教练？**

琢磨以下陈述，根据自身情况标上“真的”或“假的”。

| | 真的 | 假的 |
|---|---|---|
| 1. 我需要改进我的工作表现，提高有效性和生产率。 | | |
| 2. 我需要更加清楚我的职业发展前景。 | | |
| 3. 我需要培养情商，形成更有效的领导风格。 | | |

4. 我需要让我的人生发生一些重大变化。

5. 我需要提高战略有效性，引入一项组织变革。

**1. 绩效/技能教练**

**2. 生涯教练**

**3. 行为教练**

**4. 生活教练**

**5. 战略教练**

领导力教练师通过质疑经理人不合理的信念来帮助经理人矫正行为；他们鼓励经理人以开放的心态迎接变化；他们帮助经理人获得信心和肯定；他们培养企业家精神、团队行为，制造问责和承诺；他们帮助经理人应对日常工作中的两难和悖论；他们帮助经理人变成更有责任感的组织公民。因为所有这一切，所以教练可以对组织绩效做出重大贡献。

然而，最重要的是，领导力教练师帮助经理人提高情商，更清楚自己的优劣势，更明白自己对他人的影响。这个自我认识有利于经理人监控自身表现、给予他人反馈、建设性地解决冲突，让经理人变成更好的沟通者、更有效的决策者。教练就是帮助被教练者充分实现潜能，真正了解自己——了解自己后接纳自己，进而变得更真实。

领导力教练师还有一个作用，那就是帮助经理人明白：在这个雇主与员工之间的心理契约失效了的年代，生涯发展是个人责任，终身学习是核心主题。组织可以提供成长机会和学习机会，但是经理人要自己负责管理自己的职业生涯。经理人必须自己掌控自己的人生，而不是等着组织为他们筹划人生。不持续学习的人，会失去立足之地。

不幸的是，在太多组织，领导者把很多时间、精力和心神耗费在常见的资源枯竭和组织低效上——员工离职率高、问题员工、生产率低、缺少创新、客户服务质量不高、变革失败、团队之间矛盾多多、各自为战、争权夺势、员工之间缺少合作、工作负荷过大、角色冲突、压力高、士气低以及很多其他不良现象。然而，像领导力教练那样的促变者可以帮助领导者把焦点始终放在对组织成功至关重要的东西上。

领导力教练还可以为长远发展提供一种非打扰性指导，也就是在进行领导力教练的同时，经理人继续照常工作。时机恰当的巧妙干预，可以防止经理人自毁前途，帮助新上任的领导者尽快排除阻力、适应角色、投入工作。教练不一定能杜绝失败，但是可以促进成功。领导力教练还有利于节省发展时间，进而增加附加值，特别是如果能防止组织误入歧途的话。

然而，有些时候，领导力教练会特难开展。在以怀疑、恐惧、迁怒为特点的组织，在特别强调短期盈利的组织，在把人当作可以买卖的商品的组织，教练可能得不到多少回报。神经质组织并不是适合教练文化生长的沃土。这样的组织很难改变；在这样的组织开展领导力教练，失败的可能性很大。另外一方面，如果组织把领导力教练变成了领导力开发体系一个重要的部分，那么组织就会获得很多看得见的好处，比如利润提高、成本降低，或者两者都有。在最好的情况下，领导力教练师可以与客户形成长期伙伴关系，在需要的时候介入，帮助组织成员在个人生活、职业发展当中创造奇迹。当经理人找到更有效的工作方式，提高了绩效，那么这些好处会在整个组织弥漫开来，他会带动其他人提高绩效。让高级经理人参加教练（正如我在经理人培训项目和管理咨询中做过的那样，前面描述过），有助于在工作世界传播教练文化。组织里的其他人会效仿他们。

***“领导力教练不是找出‘哪里出错了’，而是努力让有效的经理人变得更有效。”***

还需要强调一点，领导力教练不是找出“哪里出错了”，而是努力让有效的经理人变得更有效。一个比较有建设性的取向是，不把焦点放在运行不良上，而把焦点放在创造性的方案上、放在向前发展上——评估现状和目标，想办法弥补两者差距。有效的教练师不遗余力地强调并开发被教练者的潜能，帮助被教练者获得最佳绩效。领导力教练师面临的挑战是，通过提供目标设置结构、问责标准、大局观，同时给予真诚反馈来用系统的方法引入真正的变革。

要想弄清领导力教练到底是什么，重要的是弄清领导力教练不是什么。随着领域不断变大，选择越来越多，领导力教练可能与很多东西混淆。有时，教练看起来像生涯咨询、心理咨询、带教或培训，但是教练不是其中任何一样。教练师不一定提供答案，只是（在极少情况下）可能提供建议。本质上，教练师提问题——他们的本领在于提出恰当的、开放的、有趣的、引人深思的问题，并鼓励被教练者自己想出问题的答案。

***“领导力教练不是教官，而是向导，重在帮助被教练者探索自我。”***

领导力教练与其说是一门有关传授的技术，不如说是一门有关探索的艺术。教练本质上具有苏格拉底式教学法的特点——围绕一些话题提一些问题，努力通过交流找到令人满意的答案。使用提问和对话意味着，领导力教练师的姿态是谦虚的、好奇的，而不是以见多识广的权威人物自居。领导力教练师需要不断提醒自己，他们不是教官，而是向导，重在帮助被教练者探索自我。应用这个苏格拉底式教学法，教练师让被教练者自己设置更好的目标，采取更有效的行动，做出更好的决定，经营更好的团队，发展更整体的组织观，更充分地利用自己的天赋和才华。

这个探索模式要有效，教练师需要把被教练者视作专家。这个探索模式基于这么一个信念：真正的成长来自自己的领悟而非别人的教导。使用这个模式，作为促变者，领导力教练师需要充当镜子，帮助被教练者弄清自己想要什么、擅长什么、不擅长什么、有哪些地方可以改进、如何改进这些地方。有效的领导力教练，把认知重构和情绪重构的技艺修炼得炉火纯青。而且，他们给被教练者提供安全的过渡空间，让被教练者尝试新的视角和新的行为方式。他们懂得如何通过提供过渡空间，创建人际信任，让被教练者讨论“不可讨论的”、看见“视而不见的”，来促进个人转变和组织变革。直面不可讨论的，往往就可以富有成效地讨论，做出决策，启动变革。

## 团体教练：事半功倍

正如我在前面几章暗示过的那样，我（像其他很多人一样）从亲身经历体会到，团体教练是打造高绩效团队和高绩效组织的一种很好的方式。已有证据表明，这个干预技术非常有助于更系统地看到团队或组织的运行良好之处和运行不良之处。

这个干预技术还有另外几个优点。团体教练式干预的一个显而易见的好处是规模效益，一次干预多人既节约时间又节约资源，因此团体干预比一对一干预更有效率。团体教练还有助于通过分享经验来促进对不同业务领域的理解。讨论如果发生在来自公司不同业务领域的人之间，那么就更有可能找到系统性方案；讨论如果发生在多个高级经理人之间，那么所做出的决策就更有可能得到认可和支持。团体教练打破割据状态——部门割据会造成组织出现多处运行不良。另外，团体教练促进协同效应——协同效应在很多组织是可望而不可即的。这项干预技术，还能带来真正的知识管理。因为信任是团体教练技术的关键维度，所以使用这种干预技术，知识交流更有可能发生。

正如我们在第 2 章的团体教练短片中看到的那样，团体教练还有助于被教练者获得归属感和社区感。在教练师的营造下，团体就像一个社区，提供了多种多样有利于成长和学习的环境。团体教练促进互相支持和互相依赖，锻炼共情能力。团体教练还让人领会到，每个人都是独一无二的，有自己的性格、能力。团体教练提供行为榜样，提供换位思考的机会，让人学会认识并尊重别人的怪癖和局限，共同解决问题，获得合作技能。团体教练利用社会网络、社会传染和社会学习等过程来促进改变。

正如我将在后面几章描述的那样，团队大于个人之和。组成团队后，人们的感受、思考和行事方式就会与独自一人的时候有所不同。这个整团动力可能极其强大。有的时候，归属于团队带来的放心感，可能带来很具戏剧性的行动。强烈的团结感可以冲破一切障碍；在团体教练的鼓动下，团队可能群情激昂，众人一心，披荆斩棘，创造奇迹。在团体教练师的鼓励下，团队成员不仅从自身经验中学习，而且从他人经验中学习——观察学习非常有助于洞察自己的行为。

团体教练还创造机会，让人通过观察他人而学习。它提供机会，让团队成员以彼此为镜，发现自己与他人的相似之处和不同之处。团队变得像一个挂满镜子的大厅，成员看到其他成员是如何自我欺骗的，于是反思自己是否也在自我欺骗。结果，每个团队成员在支持、教练其他团队成员的过程中增强了自我掌控感，发展出更有效的领导技能。而且，尽管团队成员往往知道自己哪些地方需要改进，但是讨论能让他们变得更清楚，还能为改变提供动力。最重要的是，在团体教练中获得的领悟、技能和行为等可以应用到生活和工作中，让个人转变和组织变革更有可能发生。

团体教练还有其他优点。高级领导人团队一般不会讨论他们面临的挑战以及面对这些挑战有何感受，团体教练可以为之提供论坛。(考虑到团队成员之间通常存在竞争）大多数团队都很难营造一种有利于合作的安全而透明的氛围，而这是团体教练的强项。

团体教练让团队更快进入正轨，投入工作。另外一方面，团体教练可以充分暴露哪几个人不适合共事，帮助团队接受这个事实并考虑应该把哪个人踢出团队，而不是让冲突或低效无限制地发展下去。习惯了团体教练后，团队成员自己也变成了“专家”，能够以一种相互负责、相互尊重的方式公开地讨论明的暗的冲突。他们能让团队在没有教练师的干预下继续好好地运行。

能够迅速创建有效团队，组织就有了一个很大的竞争优势。团队处于最佳运行状态时，所有成员都尽最大努力为团队绩效贡献力量。当团队正在经历某种常会带来冲突的剧烈变化，比如新CEO上任，团体教练也是非常有用的。新成立的团队要想开个好头，最好也进行一下团体教练。

## 全方位图：微观、中观、宏观

教练可能非常有助于改变个人的思考、感受和行为方式，改变团队的运行模式，改变组织的经营之道。在微观水平（或个人水平），领导力教练有利于提高工作满意度和生活满意度，甚至降低压力、减少挫败、增强自尊。公共生活与私人生活的一致，有助于经理人在面对各种利益相关者时有一种真实感，有利于打造最佳工作之地。从这个角度来说，有效的领导力教练可以视作教练师与来访者之间的长期伙伴关系，有助于来访者在工作和生活中都得到圆满结果。

然而，在中观水平（或团队水平）和宏观水平（或组织水平），领导力教练有助于转变组织文化，塑造更好的领导风格和更有效的决策模式。在中观水平上，必须特别关注团队动力。从系统角度而言，领导力教练要发挥作用，必须关注组织的团队发展和企业文化。在宏观水平上，组织中的领导力教练师如果懂得学会利用组织文化的鲜明特色提高创造力和生产率、激发创新和动机，就会产生很大积极影响。如果企业文化鼓励沟通、奖励创造力、建立长期客户关系、培养健康领导实务，那么组织就知道如何让自己从众多竞争者中脱颖而出，在各种利益相关者面前显得独一无二。

## 在组织里营造教练文化

明白了组织的文化决定了组织有多少机会，就找到了成功之路。有效的领导力教练可以改变组织文化，影响个人行为，所以它反映了一种包容环境——各种不同的种族、思想、人格和生活方式和谐共存的环境。熟悉各种促变力量，通过调查、访谈或者焦点小组做文化审计的人，知道如何为文化转型奠定基础。根据所获数据，他们可以提一些问题，鼓励组织领导层确认并说出组织文化的鲜明特色，然后引导组织领导层根据这些鲜明特色设计恰当的变革方案。

教练文化为团体内的所有互动提供协议和环境。它能充当一种机制，定义在组织里哪些言行是可以接受的，哪些活动可以增强组织所拥护的价值观。它能提供一种氛围，积极鼓励并促进持续学习、（外显内隐）知识交流、同伴教练和自我发展。有教练文化的组织，会形成强大的企业身份；它们的员工有很强的组织承诺感，以身为组织的一员而自豪。他们有很强的主人翁精神，都知道组织的目标是什么，愿意为实现组织目标贡献自己的一份力量。他们都学会了重视反馈，有效利用反馈；他们打造工作动机强、学习积极性高的高绩效团队。他们知道大胆对话的价值；他们不让问题恶化。

***“在具有教练文化的组织，人们不断发现自己是如何创造自己的现实的，以及要如何改变自己的现实。”***

根据我自己以及其他人的研究，营造出教练文化的组织，离职率明显下降，生产率明显提高，工作幸福感和工作满意度明显上升。在这样的组织，沟通更坦诚，态度更友好，压力更小，快乐更多，人才培养更受重视。倾听、质询和探索技巧植入了组织文化。教练文化还有助于在整个组织培养相互负责感，改善人际网络，提高领导有效性，加强承诺，提高绩效。在具有教练文化的组织，人们不断发现自己是如何创造自己的现实的，以及要如何改变自己的现实。

营造教练文化，需要多重干预。我们所做的一切都是为了让组织保持、增强竞争优势，因此我们首先需要回答很多问题：如果我们营造教练文化，那么我们会与竞争者有何不同？如果我们做出这些改变，那么我们会继续满足客户需要吗？组织成员具备让变革进行到底的东西吗？他们有足够的韧性挺过变革吗？这些问题的答案取决于组织领导力、组织吸引哪种人、组织在什么环境下运行。

**什么是教练文化?**

你组织中的人:

- 相互信任,愿意坦诚沟通、表露自我吗?
- 关注自我意识和个人发展(愿意评估个人的长处和短处)吗?
- 愿意进行大胆对话吗?
- 愿意给予具有建设性的清晰反馈吗?

**这四个问题如果你都回答“是”,那么你的组织正在形成教练文化。**

想产生持久的真正的变化,也许需要多管齐下,同时进行数个不同干预。组织领导层应该把眼光放长远一点,不要一遇到挫折就打退堂鼓。有一个知道如何在微观、中观、宏观水平上干预(特别是有着丰富组织变革经验)的教练师的支持,文化变革很有可能成功。

我多说一句作为提醒,只有教练文化还不足以推动变革,改进绩效,提高工作满意度,提高组织承诺感。教练文化还应该与可行的商业战略一起使用。仅把“教练文化”用作变革工具,就有可能永远实现不了目标。教练文化是软环境,商业战略是硬功夫。领导力教练永远要结合商业背景。教练应该融入到日常工作中，换句话说，教练不该单独列成一个任务；它是为了减轻每个人的工作负担，让每个人变得更有效。结合商业背景，经理人就容易把教练看成一种支持、一种解决方案——而非仅仅是一项最新的人力资源管理时尚。

***“企业帝国里的皇帝经常像安徒生童话里的皇帝一样。”***

像教练师那样的促变者，需要充当明智的傻瓜。各个地方、各个时期都存在明智的傻瓜。所有组织的领导者都需要一个明智的傻瓜直言不讳地告诉自己真相。企业帝国里的皇帝经常像安徒生童话里的皇帝一样。高层经理人很难获悉原汁原味的真相，组织文化很少鼓励上报原汁原味的真相。没人说真话，领导者就很有可能变得高傲自大，而高傲自大会助长高傲自大。自恋也许泛滥成灾。

然而，“明智的傻瓜”可以制约领导力内在的退化力量，挑战现状，指出盲点，增强高级经理人的现实检验能力。他们可以充当“言官”。如果组织追求持续改进，那么像教练师那样的促变者就是重要资产。

说了这么多，现在用一个小故事总结本章。这个故事是我的一个学生讲给我听的，这个学生也是个教练师。她遇到了一个非常勤奋、非常富有创造力的来访者，她给他提供了很多帮助，大大促进了他的职业发展。在团队教练环节第一次见到他时，他的无私奉献、他的乐于助人，给她留下了深刻印象。他非常能干，做到了顶层。有一次，她正巧去他公司总部所在的小镇开会，于是打电话约他见一面——他们好久没见过了。他答应了。那次见面，他非常高兴，而她非常失望。

他从宾馆接走了她。路上，他一边给她讲解小镇风貌一边和她聊天。他问她觉得他的跑车怎么样，他把他认识的名人都提了一遍，他还想让她看看他的私人飞机。她记得，以前，他还没成功的时候，是个非常讨人喜欢的人——但是现在好像只知道炫耀。一回到宾馆，她请他在酒吧喝了一杯。

他起身离开时，她让他看看窗户外面。她问："你看到了什么？"他回答："我看到很多人在忙自己的事情。"她指着酒吧壁炉上方的镜子说："现在，请看看这面镜子。现在，你看到了什么？"他看了镜子，笑着回答说："我看到了我自己。"

"你知道，"她说，"普通玻璃和镜子的区别就在于，多了后面那个银面反光层。有的时候，如果我们加一点银，那么我们看见的只有我们自己。"她希望用这些话让他想起他更讨人喜欢的一面，这一面消失好几年了，但是最重要的是，让他想起他的谦虚低调：在早先的团体教练环节，每当同伴就他的领导风格给他提真诚的意见，他必然表达真诚的谢意。她希望他想起，他人评价往往比较客观，因此可能比自我认识更有价值。

# 第二篇

# 从心理动力学角度看个体和团体

# 第 4 章　理解团体中的个体

知识的每一次扩张都是把无意识的变成有意识的。

——弗雷德里希·尼采

分析的目的不是杜绝病态反应，而是让病人自主决定选择哪种方式。

——西格蒙德·弗洛伊德

任何一件让我们生别人气的事情都能让我们了解自己。

——卡尔·荣格

人在意识层面为自己而活，在潜意识层面是为了实现人类在整个历史整个宇宙的目的。

——列夫·托尔斯泰

从前，有个小孩，他有一面鼓，每天都乐此不疲地敲着。不管别人怎么说怎么做，他都不愿停下。他的邻居不堪其扰，于是求助于一连串所谓的智者。第一个智者告诉小孩，如果他继续这么吵，那么他会弄穿自己的鼓膜；但是，对一个既不是科学家也不聪明的小孩来说，她的理论太深奥了。第二个智者告诉小孩，敲鼓是神圣的，只能在特殊场合做。小孩不听，照旧高兴地敲着。第三个智者找到了一个简单的解决办法，给了邻居耳塞，让邻居堵住耳朵。第四个智者给了小孩一本书，让小孩转移精力。但是，显而易见，他对书一点都不感兴趣。第五个智者给了邻居一本有关愤怒管理的书。第六个智者让小孩做冥想练习静心养性，还对小孩解释说，所有现实都是想象。像所有安慰剂一样，所有这些解决办法都起作用了，但不久之后又失效了。

最后，一个真正的智者来了。他交给小孩一把锤子和一个凿子，问小孩："我想知道**鼓**里面有什么？"

***"教练师不能只看表面，而是应该深入底层。"***

我觉得这个故事非常适合用来敲打领导力教练师：我一直主张，作为教练师，我们不能只看表面，而是应该深入底层。广义而言，教练可以视作帮助一个或一群人实现某个目标或培养某个技能的一种方法。但是所有教练师都需要超越快速解决方案，处理掩藏在下面的，有可能妨碍组织运行的真正问题。

为了让教练带来更持久的变化，我大都使用临床范式。我觉得临床范式对组织教练非常有效。**临床**的字面意思是"在床的旁边"。就我的工作而言，我用**临床**一词表明，我（以及其他与我有着类似组织变革取向的人）十分贴近来访者，用来访者自己的人生和经历作为学习和发展的材料，而不是简单地套用均码技术、象牙塔理论。我努力最大限度地利用不同心理学流派（幸运的是，很多心理学流派似乎是趋同的），但是我必须承认，考虑到我受过精神分析训练，我多多少少偏爱心理动力学取向。目前，大多数心理治疗流派，不管理念如何，都越来越关注来访者的情绪。它们认识到，我们的很多行为是无意识的。它们还认识到，治疗师与来访者之间的工作联盟是治疗成功的关键所在。因此，我强调在与他人互动中深入探索自我，可以帮助来访者更好地理解自己意识层面和潜意识层面的精神生活。正如哲学家克尔凯郭尔（Kierkegaard）观察到的那样："往后看才能理解人生，往前看才能生活下去。"在我的工作中，我努力鼓励来访者摆脱过去，帮助他们展望未来。

临床范式大大增加了个体分析和组织分析的有效性。不管教练是一对一的还是团体的，采用心理动力学取向，都可以带来更整体、更系统的角度，即同时关注我在前面那章描述过的微观、中观和宏观层面，我们可以从这个角度看个体过程、团体过程和组织过程是如何相互交织的。

## 什么是临床范式

***"在内心剧场的幕布后面，一部部丰富的悲喜剧轮番上演，***

***关键人物是我们一生之中爱过、恨过、怕过、服过的人。”***

应用临床范式，就像探索个体的内心剧场。在内心剧场的幕布后面，一部部丰富的悲喜剧轮番上演，关键人物是我们一生之中爱过、恨过、怕过、服过的人。有些唤起我们的痛苦记忆，有些让我们心中盈满幸福感。内心剧场的这些关键人物强烈塑造着我们的价值观、信念和态度，进而塑造着我们的人格、行为模式、领导风格和行动方针。当然，我们看得最清楚的是以上那些潜藏在下面的东西造成的行动。

如果我们想更好地了解我们自己（这则建议适用于像教练师那样的促变者，也适用于他们的来访者），那么我们需要探索我们内心剧场的这些主题，关注我们的愿望、欲望和幻想。我们需要找出重复出现的主题、模式或图式，弄清我们为什么一再企图回避某些痛苦的想法和感受。具体而言，我们需要关注我们原始的依恋关系。原始的依恋关系，就是小时候与父亲、母亲或某个兄弟姐妹的关系。这些原始的依恋关系会以移情或反移情的形式影响我们现在的人际关系，我们在现在的人际关系中会无意识地“表演”原始的依恋关系。

这些无意识的力量不仅影响我们如何去爱、选择朋友、表达自我，而且影响我们与上司、同事和下属的关系模式。移情反应渗透到了我们生活的方方面面。就像放映员往大屏幕上投射电影一样，我们把这些早期经历投射到他人身上，这些投射影响我们的决策方式、领导风格、沟通模式，以及偏爱的人际距离（像叔本华的刺猬一样）。在领导力开发背景下，如果我们想帮助人们全面彻底地改变自己——而不只是修修补补——那么我们需要考虑这些深层的东西。

## 临床范式的前提

因此，临床范式是一种帮助我们考察并反思我们自己的行为，让我们能够改变我们其中一些行为的取向。它包含几个前提：

- *理性是个错觉*

非理性扎根于理性。我们的很多行为都是非理性的，不过实际上其中总有理由，也就是有含义。我们所做的事情，没有哪件是随机的。心理决定论是无可争辩的事实。理解这个理由，对理解我们自己和他人的内心剧场至关重要。

- *所见未必就是所得*

发生在我们身上的事情，大多处在我们的意识之外。我们的行为，大多是无意识的。为了更好地理解潜意识，我们需要探索我们自己和他人内心的欲望、愿望和幻想，我们需要关注我们自己和他人生活中重复出现的主题和模式。

- *通过过去，理解现在，塑造未来*

我们所有人都是自己过去的产物。不管我们是否喜欢，过去和现在之间存在连续性。我们倾向于通过过去经历这个显微镜来看现在。有句话说得好，“推摇篮的手主宰着世界”。我们的人格，是我们的遗传气质与早期经历互相结合的产物。为了理解我们的行为，我们必须探索我们的人际关系史，包括我们原始的依恋关系。

- *移情和反移情反应非常重要*

因为早期经历在我们身上留下了深刻印记，所以我们倾向于重复过去的一些行为模式。为了理解是什么造就了我们现在的行为方式，我们需要探索我们原始的依恋关系。我们原始的依恋关系就是我们与首要抚养人之间的关系，它的演化方式将影响我们的操作模式，决定操作模式的哪些方面有利于适应，哪些方面不利于适应。我们过去的人际关系中有一些重复出现的主题和模式，这些主题和模式会在我们现在的人际关系中重新激活。为了理解自己和他人的行为，我们需要确认这些重复出现的主题和模式。移情和反移情反应，为我们探索并解决心理障碍提供了大量机会。探索过去与现在的联系，可能得到很多有用的启示，把我们从根深蒂固的刻板行为中解放出来。

- *对定义我们是谁来说，我们如何表达并管理情绪比任何其他东西都重要*

情绪上的领悟与认知上的领悟是不同的，前者触及的水平要深得多。情绪决定我们的很多行为，情商对决定我们是谁以及我们做什么来说至关重要。为了理解我们自己和他人，我们需要对情绪予以最高级别的关注。

• *我们都有盲点*

我们身上有很多事情是我们不想知道的。我们利用防御和阻抗来回避不受欢迎的体验。很多人败在人格的盲点上。探索这些防御和阻抗，能让我们在另外一个方面了解我们自己和他人的人格。我们需要明白，这些防御和阻抗之所以出现，是因为我们的内心冲突；我们需要接受，内心冲突是人类状况的一部分。

• *我们的动机需要系统决定我们的认知、情感和行为*

认知、情感和行为属于人格的表层部分，而人格的深层部分是动机需要系统。我们的动机需要系统决定我们的认知、情感和行为。我们有什么样的动机需要系统，取决于遗传和环境的共同作用。人一共有五个基本的动机需要系统，其中三个对职场行为相对影响不大。第一个包括各种生理需要，例如饮食需要、排泄需要、睡眠需要和呼吸需要；第二个包括感官享受需要和（后来的）性兴奋需要；第三个指战-逃需要，即面对危险或威胁选择是战斗还是逃跑。除了这些之外，还有两个比较高级的需要系统直接而强烈地影响着我们的职场行为，那就是依恋/归属需要和探索/肯定需要。我们的基本人性之一就是我们的依恋/归属需要，是依恋/归属需要让我们参与人际交往、团队合作，是依恋/归属需要让我们从与他人分享和被他人肯定中获得快乐。渴望与他人建立亲密关系的需要，在一对一的背景下叫依恋需要，在团体背景下就叫归属需要。依恋需要和归属需要都能通过肯定我们的自我价值、增强我们的自尊感来平衡我们的情绪。另外一个动机需要系统，探索/肯定需要，对职场行为非常关键。它包括玩耍需要、思考需要、学习需要和工作需要。像依恋/归属需要一样，这些需要在人生早期就开始形成。在探索/肯定需要的驱动下，玩耍性地探索和操纵环境，可以生出效能感、胜任感、自主感、主动感和勤奋感。

***"要想心理健康，我们需要了解自己。"***

一些不良行为模式，如果与早期经历联系起来，就更容易理解和矫正。说到这里，一位来自黎巴嫩的经理人讲述的故事非常有启示意义。360度调查报告中的评语指向他对上司的攻击、对下属的溺爱。他在自画像陈述阶段提到，他成长期间，他的国家正在发生内战，尽管他后来逃了出来，但是这段经历给他留下了很深的阴影。这显然是个痛苦的话题，团体成员没有挖掘太深，只是帮助他看到他小时候在战争期间为了生存而形成的行为模式与他长大后在稳定组织中的领导行为之间的联系。应用临床范式的目标是，帮助人们回忆过去经历，理解自己是如何变成现在这样的，看到改变的可能性。要想心理健康，我们需要了解自己。要想迎接人生挑战，我们需要摆脱过去经历的束缚。

**在用临床视角研究组织中的人时，需要记住以下几点：**

- 理性是个错觉
- 所见未必就是所得
- 通过过去，理解现在，塑造未来
- 移情和反移情反应非常重要
- 对定义我们是谁来说，我们如何表达并管理情绪比任何其他东西都重要
- 我们都有盲点
- 我们的动机需要系统决定我们的认知、情感和行为

在教练中应用临床范式，有助于厘清来访者在人际关系中有意无意扮演的角色，还有助于我们探索经理人在经理人角色阵中扮演什么角色。经理人角色阵，指一群在性格、能力、背景等方面互补的经理人构成的团队。同质，例如所有成员都是暴躁易怒的或者都是富有创造力的，有利于团队成员的相处，但是不利于团队实现目标。而互补的话，团队能更好地发挥协同效应，更有可能完成任务、实现目标。

临床范式还有助于我们识别自我挫败的想法、消极的自我评价和过时的自我认识。应用这个范式，教练师还能发现来访者经

常回避哪些痛苦想法或感受，弄清其中的原因，加以好好处理。有的时候，没有说出的话与说出来了的话一样重要。在第 2 章的团体教练短片中，是乔真和玛丽亚指出罗伯特好像并不投入——他好像在回避什么东西。临床范式也许有些笨拙，甚至有时太过犀利，但是采用临床范式，教练师能制造一种安全的氛围，让团体成员通过充分互动获得领悟。

情况许可的话，团体教练师应该试着审视团体成员之间、团体与教练师之间的移情-反移情关系，因为这样做可以获得很多信息。在团体教练中，教练师不是旁观者，而是干预的一部分，要把自己用作工具。教练师像屏幕一样，接收着团体成员投射而来的很多幻想。教练师应该关注来访者对他们的反应，不断问自己这些反应意味着什么。例如，来访者对教练师的敌意、怀疑和迎合等，都能说明问题。所有这些反应都可以视作代表更一般的行为模式，值得进一步探索。

## 近看关系模式

很多治疗师强调考察人际关系和人际沟通模式，而不是仅仅关注个人私密的愿望和幻想。在人类学家格雷戈里·贝特森看来，沟通意味着发送者和接收者之间的互动形式和规则、有意义的话语和手势。要理解沟通，不仅要看沟通双方有意无意地表达了什么，还要看沟通双方的关系。

## 双重束缚沟通

贝特森等沟通专家应用这些沟通理念来理解精神障碍（例如，精神分裂症），暗示精神障碍的病因不仅在于患者本人，而且在于患者所在家庭的互动模式。贝特森说明了几个包含逻辑错误的沟通模式是如何妨碍信息的正确接收的——制造出他所说的“双重束缚”沟通。

***“在双重束缚沟通中，意识层面的信息与潜意识层面的信息是相互矛盾的。”***

在双重束缚沟通中，有声语言与无声语言传达的信息是相互矛盾的。相互矛盾的信息，让对方左右为难。对方怎么反应都是错。消极双重束缚沟通的一个经典例子是，妈妈一面对孩子说“我爱你”，一面厌恶地背过身去（言语与动作是相互矛盾的）。对任何高度互依的关系（例如，家人之间的关系），双重束缚沟通都可能造成很大的破坏。而且，不幸的是，据我所知，双重束缚沟通在团体中太普遍了。

给某 IT 服务公司经理人委员会进行团体教练，我就遇到了双重束缚沟通的一个例子。我一再观察到，CEO 一边表扬一边打击团队成员。例如，有一次，CEO 一面称赞 CFO 小心谨慎让公司避免了一次严重亏损，一面痛斥 CFO 缺乏创造力没能为公司找到更多生财之道。尽管 CFO 不像 CEO 那样有商业头脑，但是 CFO 的做法挽救了公司。CEO 的第一句评价让 CFO 心生感激，CFO 正打算对 CEO 的称赞表示感谢，就被 CEO 的第二句评价弄得僵住了，不知要如何反应、如何做。看到 CFO 左右为难，CEO 就问 CFO 觉得他的评价是否正确。CFO 支支吾吾，CEO 就说他不该这么容易灰心、害怕表达自己，他应该放开一些。CEO 经常进行双重束缚沟通，这只是其中一个例子。难怪 CFO 沉默了，团队其他成员如履薄冰。

让我们仔细看看这里是怎么回事。如果 CFO 正确诠释 CEO 的信息，那么 CFO 只能得出以下结论：为了让上司说个痛快，他必须不对上司的称赞表示感谢；然而，如果他不表示感谢（僵住了，沉默了），他就会失去上司的肯定。不管他做什么，最后都讨不到好。这个 CEO 非常擅长把下属逼疯。那天稍晚的时候，CEO 讲了很多有关自己的事情。我认识到，CEO 在重复儿童时期习得的沟通模式：他的母亲就习惯一边说爱他一边把他推开。

正如这个例子说明的那样，要想理解一个人的不良沟通模式，就必须考察这个人的原始依恋关系。所有宝宝都有妈，所有孩子都有家。透过心理动力学镜头看不良沟通模式，就没有什么不可理解的。

双重束缚沟通描述了家庭是如何制造不良沟通反馈回路，让家庭成员陷入恶性循环的——这个主题很有可能在团体背景下重现。这些根深蒂固的模式，很多会重演、戏剧化，不过是在潜意识层面。这次受害的不是家庭成员，而是组织中的团队成员。这些互动模式也许可以增强团队成员之间的连接，不过是以破坏性方式。对来自同一组织的自然工作团队进行团体教练，要留意双重束缚沟通模式。

因为生物进化是对社会关系的严酷考验，所以我们需要了解那些决定人际关系的心理学、进化学和行为学过程，了解它们在团体背景下有何表现，了解它们对个人的情绪管理能力有何影响。原始的依恋关系为日后的人际交往方式奠定了基础，决定着团体背景下人际互动的色调。

## 依恋行为

***“依恋需要是人类存在的基本动力性因素和结构性因素。”***

首先，从生物学角度来说，人类必须与首要依恋对象维持一定的亲密才能生存下去。依恋需要是人类存在的基本动力性因素和结构性因素。

这些依恋需要在我们整个一生都一直有所表现。一旦我们与首要依恋对象断了连接，我们也许就会生出湮灭感、被害感和丧失感。然而，我们需要记住，像叔本华的刺猬一样，人既需要与他人维持一定亲密，又需要与他人维持一定距离，这不仅是为了生存，也是为了调节互动的强度。为了达到心理平衡，我们需要在这两股力量之间找到一个令人满意的平衡点。因为人类婴儿，在很长一段时间内，像其他哺乳动物幼仔一样，不能养活自己，也不能保护自己，而是依赖成年人的喂养和保护。我们天生就有一些有助于生存的本能行为。哭、笑、抓、握等，让我们与首要养护人维持亲密，是首要养护人保护我们、喂养我们、安慰我们，教我们认识环境。大自然还要求我们的依恋对象有一套互补的本能行为：哄、唤、摸、抱等。它们让婴儿安全，巩固母亲与孩子之间的连接。但是，根据精神病学家约翰·鲍尔比（John Bowlby）的说法，孩子在评估依恋对象的可接近性以及管理自己的依恋行为方面存在个体差异。

依恋理论最重要的信条是，个体在幼年时期只有与至少一个首要养护人之间形成依恋关系，才能有正常的社会发展和情绪发展。没有这样的依恋关系，个体就会留下永远的心理创伤。生命早期在与首要抚养人的互动中，个体渐渐形成一个有关自己和他人的思维、记忆、信念、期望、情绪和行为系统，有了社会行为。

在鲍尔比的基础上，发展心理学家玛丽·安斯沃思（Mary Ainsworth）提出了“安全基地”的概念，还确认出了几个依恋模式。这些依恋模式从婴幼儿时期开始形成，伴随人的一生。在与首要依恋对象分离或可能分离之时，不同的孩子会表现出不同的“依恋行为”。表现出哪种“依恋行为”，就说明形成了哪种依恋模式。成年时期，这些依恋模式主要体现在伴侣关系中。然而，组织中的“伴侣关系”也会受到影响。依恋关系的性质，决定个体是容易体验到安全感还是不安全感。

**看看你是什么依恋风格**

琢磨以下陈述，根据自己的情况判断它们是“真的”还是“假的”。

| | 真的 | 假的 |
|---|---|---|
| 1. 我相对比较容易与人亲近。不管是我依赖别人还是让别人依赖我，都不会让我觉得不自在。 | | |
| 2. 我想与别人亲近，越亲近越好，可是我经常发现别人不愿与我那么亲近。 | | |
| 3. 没有亲密关系，我并不觉得不自在。独立自主对我来说非常重要。我不喜欢依赖别人，也不喜欢别人依赖我。 | | |

**如果你选择 1，那么你可能是安全依恋型；如果你选择 2，那么你可能是焦虑依恋型；如果你选择 3，那么你可能是回避依恋型。**

例如，如果养护人对孩子的需求和信号高度敏感，总能及时地给予恰当的回应，那么孩子会形成安全型依恋风格。这样的孩子长大后，相信伴侣是可信的，会及时恰当地回应自己，在与伴侣的相处中觉得自己是值得人爱的。他们还相对容易与别人亲近，不管是自己依赖别人还是让别人依赖自己，他们不会觉得不自在。他们往往不会担心被人抛弃，也不会为别人靠得太近而焦虑。他们往往有积极的人生观，知道怎样管理、表达情绪，有着良好的社交技能。他们有相对较高的自尊，觉得自己受人喜欢，相对容易与他人建立关系。他们是那种愿意靠得更近的刺猬。

对比之下，如果面对孩子同样的需求或信号，抚养者有时这样反应，有时那样反应，何时这样反应何时那样反应又是不确定的，那么孩子就会形成焦虑型依恋模式。这样的孩子长大后，自我认识比较消极。他们经常怀疑自己是不值得人爱的，经常为伴侣的不予回应责怪自己。小时候是拼命抓住不可靠的抚养人，长大后是拼命抓住不可靠的伴侣，但是越拼命往往越抓不住。焦虑依恋型的人，经常觉得别人不够亲近自己。可以预料的是，他们经常担心伴侣其实不爱他们，或者其实不愿陪着他们。因为这样焦虑，所以他们也许想与伴侣完全“融合”。讽刺的是，这个愿望反而会把伴侣吓跑。此外，与权威人物相处，他们会做出一些事情来获取关注，可是这些事情往往招致反感。他们是那种与其他刺猬有了距离就觉得难过的刺猬。

最后，抚养人对于孩子同样的需求或信号给予同样的反应，但是经常不在，或者经常不给予回应，孩子就会形成回避型依恋风格。这样的孩子长大后，觉得与别人亲近是不舒服的事情；尽管他们也许想与别人亲近，但是他们觉得很难完全信任别人，也很难让别人依赖他们。亲近让他们紧张。他们很有可能缺乏同理心，甚至以别人的痛苦为乐，经常让人觉得十分恼火。他们是那种与其他刺猬保持距离，以免受伤的刺猬。

一对一的母亲或（其他养护人）与婴儿的关系是比较简单的，如果考虑其他家庭成员以及重要人物，那么问题就变得更复杂。家庭成了基质，提供关键的意义，给孩子用于建构稳定的自我形象。孩子把这些意义转化成自己对世界的诠释。这些诠释对孩子（以及后来成人）依恋风格和人际技能的发展和巩固起着特殊作用。

***“我们的家庭剧本，成为我们在其他团体（例如团队）中进行人际互动参照的剧本。”***

我们的家庭剧本，即我们蕴含在家庭迷思、传说、故事和罗曼史中的人际互动模型，成为我们在其他团体（例如团队）中进行人际互动参照的剧本。在团体背景下，依恋关系会以多种多样的方式表演出来。不同成员的内心剧本是各不相同的，这些内心剧本的相互作用决定着整团动力。不同成员依恋模式交互作用所在的“地下世界”，赋予团体互动以特色。就是因为这个，所以团体会一再出现某个主题，团体的集体意识大于成员个体意识之和，详见图 4.1。

依恋行为非常重要。它是叔本华刺猬困境的关键所在。它说的就是我们在依恋-回避轴上处于哪个位置。我们的依恋剧本影响我们的情绪管理，决定我们在团体中扮演什么角色。

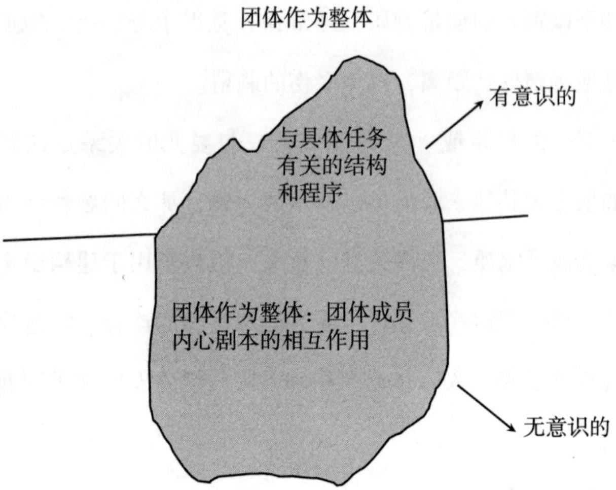


**图 4.1　团体作为整体**

正如这个有关心理动力学取向团体教练的讨论表明的那样，团体教练中人际互动的种类和强度，很大程度上取决于团体成员的个人历史。在团体干预中，个人剧本的很多关键主题会浮现出来，比如死亡幻想、疾病幻想、被害幻想，再比如强烈的爱、阴暗的敌意，再比如嫉妒、羞耻、愧疚。这些隐藏很深的强烈情绪对我们的内心世界有很大影响，进而对我们的行为有很大影响。这些剧本隐藏的情绪决定我们能够容忍多大程度的亲密。

## 羞耻和愧疚的幽灵

羞耻是人类最古老、最强大的情绪之一，不幸的是，在团体中，羞耻感很容易出现。隐秘的羞耻感，是一股需要处理的强大力量，因为它会毁掉人际信任、自我表露和互惠互利。羞耻，就是害怕、不愿进行任何形式的自我表露。然而，羞耻不一定很好认出来，它有很多伪装。

**羞耻的幽灵经常光顾你吗？**

琢磨以下陈述，根据自己的情况判断它们是“真的”还是“假的”。

| | 真的 | 假的 |
|---|---|---|
| • 我不时想起过去的失败和被拒经历。 | | |
| • 我经常有自卑感。 | | |
| • 我总体上讨厌自己。 | | |
| • 我从未喜欢我的样子。 | | |
| • 我对批评特别敏感。 | | |
| • 受到批评，我就指责别人。 | | |
| • 我在公开场合非常紧张。 | | |
| • 我在别人眼中是害羞的。 | | |
| • 我总是怀疑我自己。 | | |

**如果大多数陈述你都判断为“真的”，那么你很有可能有强烈的羞耻感。你对自己非常挑剔。你总是担心被拒绝。**

羞耻，就是害怕被人指责或被人视作糟糕。羞耻，就是觉得自己像个外人，被人拒绝，被人排挤，没有归属感。羞耻，就是觉得自己不好的地方让人看到了，于是尴尬、自厌。羞耻让我们觉得自己一无是处，不值得人爱。

***"羞耻是对自己的攻击。"***

容易羞耻的人，特别为负面"自我"而烦恼。这样的人，在各种情况下都会自动自发地贬低自己。他们的内心有个声音不断地响着"这些事情我做不好"，"大家显然不喜欢我"，"我知道每个人都讨厌我"，"我一定在某个地方出错了"，"我不如别人优秀"，或者"我不配"，等等。羞耻是对自己的攻击。因为羞耻，一些不为我们控制的事情也让我们觉得尴尬，比如为自己头发的颜色尴尬，为没有开"合适的"车尴尬，为买不起最时尚的衣服尴尬。

任何人，太过在意别人对自己的负面评价，不管这个负面评价是真实的还是想象的，就容易羞耻。公共情境（典型例子是在大庭广众之下发言）会加重羞耻。实际上，受人关注，就要经受评价和批评。但是，一些人在受人关注时会更加挑剔自己。正如德国前总理康拉德·阿登纳曾经说过的那样："厚脸皮是上帝赠送的礼物。"对容易害羞的人来说，团队合作是个极大的挑战。

羞耻与低自尊感密切相关，因为两者都与消极的自我认识有关。这些消极的自我认识，处理起来可能极其痛苦、难堪，难怪容易害羞的人会为了保护自己而竭尽全力不让别人发现自己的这些想法。一个常见策略是，回避公共情境。另外一个常见策略是，为了否认自己内心深处的自卑感而抨击、取笑别人。这个策略的破坏力很大，特别是在团队。

更复杂的是，羞耻还可能与其他负面情绪搅在一起，比如恐惧、愤怒、悲伤、脆弱感、可怜感和无助感。羞耻还与愤怒暴发、攻击行为（包括家庭暴力）、物质滥用、进食障碍、抑郁，甚至自杀存在相关。不幸的是，容易羞耻的人，不仅不试着建设性地处理这些反应，反而陷入自我贬低的泥沼。

正如这些相关表明的那样，羞耻引起的痛苦，会影响我们的健康状况。堆成山的证据表明，这种精神压力甚至会加重心血管疾病、弱化免疫系统，这说明羞耻有很坏的影响。

***“实际上，愧疚感让我们觉得自己是高尚的。”***

羞耻指向内部，愧疚则指向外部。两者都对团体动力有影响。尽管羞耻与愧疚密切相关，但是两者有本质区别。我们为**我们是什么样的人**而羞耻，但是我们为**我们做了什么**而愧疚。愧疚说，“我**做得**不好”；羞耻说，“我不好”。愧疚说，“我做错了”；羞耻说，“我这个人错了”。羞耻，就是想隐藏自己身上在别人看来“不好”的东西，但是这些感受并没暴露出来。另外一方面，愧疚，就是想就自己做的某件事情道歉，做出弥补，得到原谅。

正如罗马政治家、哲学家兼悲剧作家塞内加曾经说过的那样，“每个愧疚的人都是自己的侩子手”。愧疚可以视作一个更道德、更适应的应对方式。实际上，愧疚感让我们觉得自己是高尚的。它促使我们说“对不起”。为了摆脱愧疚，我们坦白；但是，为了摆脱羞耻，我们隐瞒。因此，羞耻和愧疚有时也许把我们推往相反方向。

这里，家庭剧本再次发挥作用。孩子从父母或其他养护人那里习得道德情绪风格。从家庭系统角度来看，我们可以看出代际遗传性，即容易羞耻或容易愧疚的倾向会通过直接的榜样过程或其他形式的认同过程从父母传递给孩子。社会通过父母、老师、朋友、同事或宗教领袖有意无意地在我们内心深处埋下那种觉得羞耻或愧疚的强烈欲望——很想为早年发生的事情觉得羞耻或愧疚。

在家庭和文化背景下，一再受羞辱往往就会导致羞耻感。孩子如果在成长过程中，经常受羞辱、受嘲笑，需要总是得不到满足，那就很有可能问自己：“我哪里错了，为什么要受这样的对待？”他们会怀疑自己一无是处，不值得人爱。这些经历往往成为滋生羞耻倾向的沃土。一再受羞辱的孩子，很有可能要么过分活跃要么封闭内心。因为害怕暴露自己不好的一面，所以他们要么积极羞辱别人要么缩头缩脑。长大成人后，这些感受仍会萦绕不去。

有些人来自那种在孩子很小时候就给孩子很大责任的家庭。这样做的坏处就是，让孩子一生都表现出以下倾向：一点小错——被某个权威人物（父母、老师、上司等）注意到后——也会唤起失败感和愧疚感，导致自我价值感下降。

连文化也有可能分成羞耻导向型文化和愧疚导向型文化。十分依赖公开惩戒的社会，更容易给孩子注入羞耻感；十分依赖私下惩戒的社会，更容易给孩子注入愧疚感。很多非西方文化强调依赖的自我（与团体身份有关的那部分自我），更容易培养出羞耻倾向；而西方文化强调独立的自我（与团体身份无关的那部分自我），更容易培养出愧疚倾向。

羞耻倾向和愧疚倾向，会在团体背景下发挥重要作用。羞耻倾向或愧疚倾向强的经理人，很难放得开。为了改变这个模式，关键是营造安全空间。容易羞耻或愧疚的人，只有在觉得安全的时候，才愿意放松警惕，自在地参与。然而，如果不营造这样的安全氛围，不管是谁做团体教练，都会遇到严重阻抗。

## 情绪传染

另外一个与团体有关的重要话题是情绪传染。研究表明，我们周围人对我们情绪的影响远远超过了我们以为的那样。我们所有人都从旧石器时代祖先那里（他们要时刻当心猛兽）继承下来一个特征：容易在情绪上趋同。我们所有人似乎天生都容易接收他人的情绪。而且，我们所有人都倾向于识别、感知那种类似于我们自己情绪的情绪。

我们甚至可以假设，这种像镜子一样映照他人情绪的本能，通过一种神经反馈机制植入了我们的大脑。这个神经反馈机制之所以发展出来是因为合作意味着更多食物、更健康、更繁荣。像今天的群居动物能通过在群内迅速散布危险信息或奖励信息获得好处一样，我们这个自动在面部表情、声音语调、体态姿势等身体语言上与他人做到同步的能力也会给我们带来很多好处。我们在模仿他人的行为时，我们也能体验与行为相关的情绪。

**你多容易感染别人的情绪？**

- 你能自动在面部表情、声音语调、体态姿势等身体语言上与他人做到同步吗？
- 别人的心情能迅速影响到你吗？
- 你能迅速、完全地解读他人的情绪吗？
- 你在做情绪劳动，也就是运用意志力摆出组织或职业要求的那种情绪（微笑等等）吗？

**我们有意无意地使用各种办法了解他人的情绪。对情绪传染（包括镜像）有更多的认识，我们就能更好地理解他人的反应，也能更好地理解团体的行为和情绪。**

有些研究者发现，朋友的朋友、朋友的朋友的朋友（与我们相距甚远，我们从未见过的人）的心情可以通过社会网络像病毒一样传染给我们。很多现象可以通过朋友圈以一种现在还不能完全理解的方式传播开来：幸福、抑郁、肥胖、饮食习惯、吸烟习惯、不健康状态、选举投票意向、对音乐和食物的品味、对网络隐私权的偏好，甚至自杀意图。根据社会科学家尼古拉斯·克里斯塔和詹姆斯·福勒的说法，这些现象在社会网络里的传播，就像石子投到池塘激起涟漪一样。

***“我们是什么样的人、我们做什么样的事，很大程度上并非只取决于我们所在的小圈子。”***

从团体动力学角度来看，我们应该承认一个事实：我们是天生的社会动物。我们是什么样的人、我们做什么样的事，很大程度上并非只取决于我们所在的小圈子。我们影响他人，也受他人影响。在团体情境下，这样的传染可能有害也可能有利；到底是有害还是有利，取决于如何管理。认识了情绪传染，挑战就变成了能否“在所有人都失去理智、指责你的时候保持理智”——这句话引用自拉迪亚德·吉卜林。考虑到情绪的传染性，这不容易做到。在团队情境下，往往是领导者的心情决定团队的心情。如果领导者情绪高涨，那么其他团队成员也会情绪高涨。但是，如果领导者情绪低落，那么其他团队成员也会情绪低落。而且，这个心情变化可能非常迅速。

## 镜像模仿

情绪传染、社会传染与镜像能力密切相关。在心理学中，镜像有两个含义：一是指别人对自己的态度犹如一面镜子能照出自己的形象（由此形成的自我形象叫镜像自我）；二是指自动地模仿别人的表情、动作、声音、语调等，像镜子一样映照他人的行为。本书采用后面一种含义，即像镜子照东西一般的精确模仿，这种能力是天生的。镜像在人际交往中十分常见，对这一过程有所认识，就得到了一种影响他人的强大工具。从临床角度来说，镜像反应影响自尊的发展和维持。镜像好像从子宫里就开始了，胎儿的心跳等身体机能匹配妈妈的身体节奏。这些早期的镜像过程为后来的镜像反应奠定了基础。

***“我们镜像彼此的身体语言和姿势，以建立连接、被人接受、制造默契，但是我们通常意识不到我们在这样做。”***

当我们说有另外一个人在身边就“觉得不错”，我们就在不知不觉地使用镜像。第一次见某个人，我们迅速评估这个人对我们的看法是积极的还是消极的，就像其他大多数物种为了生存而做的那样。我们镜像彼此的身体语言和姿势，以建立连接、被人接受、制造默契，但是我们通常意识不到我们在这样做。

能把情绪传给彼此，我们在社会情境（包括团队）中就更加游刃有余。我们明白，要理解社会网络，不能单单从社会网络中的个体的行为和心理去理解。社会网络也有自己的情绪。社会传染、镜像（在潜意识层面）会影响团队的运行。

然而，乍一看，不仅身边人而且陌生人的心情、习惯和健康状态会传染给我们，好像挺恐怖的。这意味着，我们比后座司机好不了多少，不能掌控很多事情，因为大部分社会影响发生在潜意识水平。

镜像和社会传染的威力让我想起了印度的一个民间故事。一群鸟在一棵树下平静地啄种子。一个猎人悄悄来了，支起了一张大网，高兴地说："啊哈！我的晚餐有了！"

这群鸟立即扇动翅膀，一起飞往天空。网被它们带离了地面，挂在了树枝上。它们从网下飞出，获得了自由。

猎人在一旁惊讶地看着，抓着脑袋咕哝着："只要那群鸟像那样相互合作，我就永远抓不到它们。每只鸟单独看来都是脆弱的，但是合起来可以带动整张网。"

正如这个故事说明的那样，在团队里明智地运用镜像和社会传染，可能会带来很大好处。正是因为镜像和社会传染，我们在团体教练中才进行云观察——考虑团体作为整体的现象。但是，正如本章前面有关双重束缚沟通、依恋、羞耻、愧疚、情绪传染和镜像的讨论暗示的那样，需要谨慎对待云观察。那种有利于团体成员建立人际信任、放心表露自我的团体氛围，并不容易创建。那些觉得云观察古怪而烦人的团体成员，会把云观察视作威胁。如果没有创建合适的团体氛围，那么云观察也许会导致防御反应，甚至退缩（情绪上的退缩，或者其他方面的退缩）。然而，能够敞开心扉、表露自我，才能向别人表达自己的真诚和可信，才能与别人建立信任关系。

**什么让你最尴尬？**

**什么事你最不愿意分享给所在团队其他成员？**

我们最常见的秘密是：

- 在内心深处坚信自己能力不足——觉得自己像个骗子
- 在内心深处与人疏离——尽管表面上与人亲密，其实你没有能力像你假装的那样与人亲密
- 性方面的

**一般而言，教练或心理治疗的来访者都非常关注自我价值感和人际关系能力。**

想制造更有效的团队动力，一个基本任务就是制造并维护一个安全空间，让团队成员能够建设性地坦陈感受，而不是把感受埋藏在心里。例如，像团体教练师那样的促变者面临的挑战是，帮助团体成员利用机会认识到，压抑情绪的代价可能非常大。在团体背景下，他们需要明白双重束缚沟通、依恋行为、羞耻愧疚、情绪传染、社会传染和镜像模仿的威力。

尽管有这么多艰巨挑战，尽管敞开心扉有很多风险，但是谈论自己是什么样的人、有什么样的感受，也是一种宣泄。经历过团队建设环节的人，经常说自己轻松了很多，最后能够谈论敏感话题，讲述自己的故事。团队建设环节的优势在于，通过倾听别人讲故事，就能意识到有问题、有烦恼的并不是只有自己。我们都经历过那种把压抑情绪宣泄一空后轻松了很多的时刻。自我表露可以是一种情绪学习（与认知学习相对），有助于立即发生持久变化。进行团体干预，教练师需要像禅宗大师一样把自己用作工具，让来访者体验、观察自我。

用个故事说明一下。一位学禅的徒弟对师父说："我不能专心冥想。我觉得心烦意乱。我老想着以前的事情。我的腿疼。我老想睡觉。太难受了。"

师父看着徒弟，实事求是地说："会过去的。"

一周后，徒弟再次找到师父，说："我的冥想做得棒极了。我觉得如此清醒，如此平静，如此有活力！"

"会过去的。"师父回答说。

这个师父超越了情绪传染。他知道一切都是暂时的。他总结说，人生有个情绪起伏周期。正如这个故事说明的那样，挑战就是不要卷入情绪波浪。作为促变者，我们需要认识到，我们的情绪反应与我们所在的背景环境有关。我们需要既能体验又能观察。我们还需要明白，是人就会不断有情绪反应。人生有自己的周期。

# 第 5 章　团体的秘密生活

智慧越多，忧伤也越多；知识增长，烦恼也增长。

——《传道书》(Ecclesiates)

万物皆有轮回。

——马库斯·奥勒（Marcus Aurelius)

行动反应、沉沉浮浮、尝试、犯错、改变——这就是人生的节奏。从过度自信中生出恐惧，从恐惧中生出更清晰的愿景，从愿景中生出全新的希望，从希望中生出进步。

——布鲁斯·巴顿（Bruce Barton)

三个人守不住秘密，除非其中两个人不在人世。

——本杰明·富兰克林（Benjamin Franklin)

一个年轻人刚刚成为和尚就接到一个任务：护送一把圣剑到另外一个寺庙。这是一次考验，看看他能否应用自己刻苦学习多年积累的知识。途中要走又荒又偏的路，非常危险。他能完成任务吗？他机警到足以评估沿途有什么危险、识别何时需要采取行动吗？

第一天快到中午的时候，年轻和尚发现有三个穿得非常破烂的陌生人在跟着他。他开始担忧圣剑的安全——圣剑镀了金银，招人惦记。不过，他又想起一个老禅师说过，陌生人不过是还没见过的朋友。他的恐惧消失了，于是决定不再理会跟在后面的人。他停下来吃午饭，陌生人凑到他旁边一起吃午饭。他们问了他很多有关禅的问题，他觉得他们很有趣。

午饭过后，四个人继续一起赶路。年轻和尚一边走一边回想一个古老的禅宗故事：有个农民丢了斧子，认为是邻居家的儿子偷走了，于是觉得他的一举一动都像在做贼。但是，这个农民后来在一堆干草下找到了他丢失的斧子，于是就突然觉得邻居的儿子是个诚实的好少年。

那天晚上，在吃干粮的时候，年轻和尚新结识的那三个朋友吵起来了。起初，年轻和尚很着急，后来，年轻和尚想起了一个古老的禅宗故事：一个武和尚表演用筷子抓苍蝇，吓退了潜在对手。心里想着这些，年轻和尚就盯着在他脑袋周围嗡嗡乱转的苍蝇，瞅准时机伸出筷子。就在这个时候，那三个人中有一个人（不知道用筷子夹苍蝇的故事）迅速砍下了他的脑袋，偷走了圣剑。

正如这个故事提醒我们的那样，处理团体，我们需要留意多个层面的人际力量，否则就会像年轻和尚一样陷入麻烦。我们不仅需要关注幻想的力量，而且需要关注现实的力量。事情的发生背景，永远不该忘记。人际场有很多层面。

组织生活也有很多层面。在组织里，团队同时在多个层面上运行着。例如，有内容层面，有过程层面。内容当然指具体的任务或目标。过程指为了完成具体的任务、实现具体的目标，团队所需考虑的事情，包括如何处理个人的需要和情绪；权力如何分配，每个成员有何权限，谁主事，要不要就领导力问题做出这么正式的规定；如何处理各路利益相关者。过程层面的其他议题有决策方式、沟通质量、每个成员扮演什么角色。过程的一个重要部分是整团动力（我在第 2 章把这个东西叫作云互动），这个动力大都是无意识的。

社会心理学创始人之一库特 · 勒温（Kurt Lewin），发明了“团体动力”一词来描述当环境在这些力量的影响下发生变化时，团体和个体有何行动和反应。他对团体的定义是：因社会关系而彼此相连的两个及以上个体。因为这些个体相互作用、相互影响，所以团体层面形成了数个动力过程，让团体区别于随便集结在一起的一群个体。勒温认为，这些动力过程包括规范、角色、关系、归属需要、社会影响等，其中一些我会在本章详细介绍。

***“团体有秘密生活，团体的秘密生活在一定程度上独立于团***

*体各成员的生活。”*

大家一般从纵向角度看团体生活，也就是假定团体经历几个不同发展阶段。团体的组建、规范的形成、目标的实现、团体的解散是要花时间的。这意味着团体有生命周期，有开始、中间和结尾。稍微运用一点儿想象力，我们还可以说，团体有生命叙事，在生命叙事里，团体踏上一段实现目标的旅程。然而，不管你怎么看团体，团体好像还有秘密生活，团体的秘密生活在一定程度上独立于团体各成员的生活。

## 团体行为线性理论

最有名的团体发展阶段理论之一是布鲁斯·塔克曼提出的，他把团体发展分为四个阶段。这四个阶段分别是：形成期、震荡期、规范期、高产期。根据他的理论，大多数团体都要经过这四个发展阶段才能达到高绩效状态。后来，与一位同事合作，塔克曼又加了一个阶段：解散期或哀悼期。

在形成期，团体成员对彼此非常礼貌。这是发展过程的最初阶段，成员互相认识，明确要求、结构、期望以及挑战。在这个阶段，个体努力在团体里给自己找准位置，确认人际边界和任务边界。随着个体试探彼此，团体成员相互之间建立关系，团体成员与团体领导之间也建立关系。也许还会讨论过程层面的议题，如果讨论过长，那些只想赶快开工的团体成员也许就会不耐烦。

这个阶段通常较短，也许开一次会就结束了。

**回顾你所在团队的发展历程，评估各个阶段最强调哪个层面的需要（个体、团队、任务）。**

**根据各层面的需要在各阶段的重要程度，在“高”、“中”或“低”上画圈。**

| | 个体需要 | 团队需要 | 任务需要 |
|---|---|---|---|
| | 高 | 高 | 高 |
| 形成期 | 中 | 中 | 中 |
| | 低 | 低 | 低 |
| | 高 | 高 | 高 |
| 震荡期 | 中 | 中 | 中 |
| | 低 | 低 | 低 |
| | 高 | 高 | 高 |
| 规范期 | 中 | 中 | 中 |
| | 低 | 低 | 低 |
| | 高 | 高 | 高 |
| 高产期 | 中 | 中 | 中 |
| | 低 | 低 | 低 |

接下来进入震荡期，团体也许面临残酷的现实：冲突、分化等人际问题，同时也有对内容和过程的情绪反应。这也许是最混

乱的阶段，团体成员竞相表达观点，思考往哪个方向走。这个阶段的特点是，在整团动力的驱动下，团体成员密集讨论、批判、对质。震荡是一种阻抗，对团体领导影响力的阻抗，对团体任务性质的阻抗。这个阶段，往往会争夺领导权，尝试各种不同决策程序，还有可能形成小团体。

要顺利进入下个阶段，团体就要坚持履行最初使命，不偏离、不停滞。为了推进决策、取得进展，也许需要妥协。团体成员也许觉得自己在做云霄飞车，情绪大起大落。如果团体没有就过程达成一致意见，没有形成结构，那就很难专注于任务。不幸的是，很多团体卡在了这个阶段——就组织中的团队而言，卡在这个阶段就实现不了目标。

最好的情况下，团体渐渐有了凝聚力，过程、结构变得比较清晰了（尽管仍然有很多不确定），就进入规范阶段。在这个阶段，阻抗克服了，标准建立了，角色分配了。在这个阶段，团体成员已经开始了解彼此的工作习惯和工作伦理，可以令人满意地合作了。阻抗克服了，标准建立了，角色分配了，团体领导就能更有效地发挥促进作用和指导作用。团体成员相互更了解了（甚至还在私下往来），能够互相帮助、大胆对话、接受建设性批评意见了。他们对团体目标非常认可，尽心尽力去实现，也十分清楚进展情况。尽管如此，震荡期和规范期可能有很长一段时间的重叠：接到新任务，团体也许回到典型的震荡期。然而，在一般情况下，团体会走出规范期。

当团体进入高产期，人际结构就成了任务活动的催化剂。现在，团体有了共同愿景，成员有了团体身份感，团体不需要那么多促动就能平稳地运行。团体领导的干预很少。团体越来越倾向于自我管理，正式权威越来越没用。决策一般能达成共识。角色是灵活的，按功能划分的，团体的大部分能量都导向了任务。结构性问题解决了，盛行的结构能够支持任务的执行。

**团队在不同发展阶段的不同需要**

| 团队发展阶段 | 个体需要 | 团队需要 | 任务需要 |
| --- | --- | --- | --- |
| 形成期：定义任务 | 高 | 中 | 低 |
| 震荡期：人际问题 | 高 | 高 | 低 |
| 规范期：设置规则 | 中 | 高 | 中 |
| 高产期：执行任务 | 中 | 中 | 高 |

尽管不是每个团队都会达到这个阶段，但是团体行为线性理论提倡者主张，很多团队成功达到了这个阶段。在这个阶段，团队真正开始全力运行。团队一边努力实现目标，一边留意关系、风格、过程方面的问题。如果任务有需要，团队就会改变过程和结构。个别成员的加入或离开，并不影响整个团队的文化，团队继续保持高绩效。与前面几个阶段相比，在这个阶段，作为团队

的一员，轻松多了。

解散期，就是团队解体：完成任务，终止角色，降低互依。这个阶段也叫转变期或者解形期，因为团体成员互相切断连接，各自转向其他任务和目标。团体解散，让一些成员尤其难受，因为他们喜欢大家一起高效地执行重复性任务。另外一些成员也难受，因为他们喜欢定期联系那些已经成为朋友的其他成员。他们体验到了分离焦虑。对未来角色和工作前景不确定，他们就更不愿离开。有些研究团体行为的学者把这个阶段叫作“哀悼期”，因为团体成员经常体验到丧失感——特别是当团体毫无计划地突然解散的时候。

团体行为线性理论的问题在于，没有充分考虑团体成员的情绪体验；在某个意义上，这个理论指出了团体动力的症状（比如震荡），但是没有建议如何处理症状。实际上，团体发展更像一个螺旋上升过程，并不能明确划分成几个阶段。人类行为有时太古怪，不能以线性模型加以描述。更复杂的是，不仅阶段与阶段之间的界限是模糊的，而且阶段本身也不是按固定顺序出现的。实际上，团体不一定是按上述阶段发展的，不同阶段可能重叠。例如，团体已经进入规范期或高产期，但是新成员的加入迫使它回到震荡期。团体可以成功地发展，但也可能退化，回到早期发展阶段。为了描绘一幅普适的团体动力图，我们可以把团体行为线性模型用作指导方针，但是我们不能过于概化。

*“人们有意无意地努力在自身需要与团队需要之间找到平衡点。”*

实际上，就像所有人类现象一样，团体过程经常不符合线性理论的预测。有些团体甚至看起来总是处于动荡状态——或者更遭，混沌状态。不断有成员加入，不断有成员离去；不断有关系破裂，不断有关系改善；对团队产出和团队目标的期望总在变化。一般而言，人们有意无意地努力在自身需要与团队需要之间找到平衡点。这个平衡点可能不断地转变。

## 元神话理论：英雄之旅

还可以用另外一个方式看团体的演化——换个角度，研究外部力量是如何造就或摧毁团体的——把团队发展比作一段英雄之旅。元神话叙述，即用讲故事的方式，可能非常有助于理解团体的演化。

在开创性跨文化研究《千面英雄》中，约瑟夫·坎贝尔（Joseph Cambell）提出了一个理论：世界各地流传千年的重要神话，都有一个基本结构，他把这个基本结构叫作“元神话”。根据坎贝尔的说法，元神话带有普适的主题、基本的结构和阶段。故事梗概通常是这样的：“英雄走出日常生活，到外面的世界冒险，进入神奇的国度，遭遇奇幻的力量，经过殊死的搏斗，赢得最终的胜利，带着能造福同胞的知识和力量回来。”我们所有伟大的故事、歌谣、艺术作品都遵循这个路线，最后往往通向皆大欢喜或者成就大我。

**让团队每个成员讲述一个著名英雄人物的故事。他们也许选择漫画人物，例如超人（Superman），或者宗教、神话或历史人物，例如奥德修斯（Odysseus）、摩西（Moses）、齐格弗里德（Siegfried）、布迪卡（Boudicca）或者亚瑟王（King Arthur）。**

团队成员应该考虑以下问题：

- 你描绘这个人物的英雄之旅时，看到了什么模式？
- 你发现相似之处了吗？
- 你看到不同之处了吗？
- 你能解释英雄要努力克服什么吗？
- 你如何比较你讲述的英雄故事与你自己的人生故事？
- 想想你曾经待过的团队，探索其英雄之旅。

**理解你自己的旅程，是让人生有意义、有目标、有激情的一种方式。比较你自己的人生故事与你讲述的英雄故事，能让你换个角度看你自己的人生。**

元神话事件序列代表神话中的英雄在追寻期间的一般历险模式（我们需要记住，神话应该视作代表我们想要的那种人生）。英雄在冒险之旅中完成自我发现、自我整合、自我实现。就像任何成长和改变一样，这段旅程可能令人迷惑、令人痛苦，但是也提供机会形成信心、新的视角、新的存在方式。

我们可以把英雄之旅拓展到团队之旅——只是，英雄在一路上遇到的恶龙、武神、巫师和精灵象征着团队在组织中遇到的各路利益相关者（这些利益相关者有时非常恐怖）。类似地，元神话中的英雄遇到的艰难和险阻象征着组织中的团队遇到的逆境和挑战。

坎贝尔描述了 17 个元神话阶段。有些神话包含的元神话阶段多一些，有些神话包含的元神话阶段少一些，极少数神话包含所有 17 个元神话阶段。简化起见，这 17 个元神话阶段可以分成三块：**出发**（有时叫**分离**）、**征途**和**回归**。出发指英雄在追寻之前的经历，征途指英雄在追寻途中的经历，回归指英雄带着追寻所得回家。

正如我建议的那样，元神话故事梗概也可用于理解组织生活，英雄就是团队。让我们想象一下，在组织里，日子按部就班地过着，突然发生了一件打破平静的事情。为了应对威胁，组织成立一个团队。团队成员（在元水平上代表组织本身）是叙事里的英雄。他们坚持努力奋斗，直到完成任务。

最常见的一幕是，作为个人，团队成员不愿响应召唤。他们之所以犹豫，也许是因为恐惧感、不安全感、能力不足感。然而，掌权者的召唤，他们拒绝不了。为了击退威胁、生存下去，他们不得不齐心协力。有了凝聚力，团队变得特别强大，比所有个人的力量加在一起还强大。之后，团队离开熟悉的世界，开始追寻。

这个出发只是起点，接下来的路还长着，充满实实在在的危险。踏上征途，团队首先要经历一系列尝试、考验或折磨，才开始脱胎换骨。杀死一头又一头恶龙，跨过一道又一道障碍。这是征途的关键阶段。

一旦团队（有意无意地）致力于追寻，通常会出现一个向导来帮助他们，特别是如果他们当中有人在考验中受伤了或变弱了。这个向导也许是组织中的某个高级经理人，他以这样那样的方式帮助团队成员。这个向导也可能来自组织外面，例如外部董事、顾问或教练师。多半，这个向导向团队成员赠送有助于追寻的法器，例如一个方案或更多资源。

一旦实现目标，团队就进入最后阶段，回归。归途可能与来路一样凶险。历尽艰难险阻，英雄把寻到的宝贝成功地带了回来，用于再造社区——团队是英雄的话，组织就是社区。在组织背景下，宝贝可能是一个新产品、一个新程序、一门新知识，甚至一个千金难找的稀缺人才。作为历险记的最后一部分，英雄必须重新融入社区。很多失败，就败在很难踏过回家的门槛。组织中的守旧势力也许不喜欢新的做事方式，不管历险者想引入什么创新，他们都明着反对、暗中破坏。

## 螺旋角度

除了线性角度、元神话角度外，还可以从螺旋角度看团体的演化。螺旋角度更关注团体动力比较退化的那一面。对螺旋角度做出重要贡献的是前面提过的库特・勒温，他是社会心理学的创始人之一，用实验证明了人的行为不仅受个人因素的影响而且受社会因素的影响，从而让心理学研究发生了革命性变化。为了理解人的行为，我们必须考虑整个心理场，也就是人所在的生活空间——环境因素与个人因素的交互作用。人各种各样的具体行为，是人的自我认识与所在环境交互作用的结果。勒温的分析为考察影响社会情境的各种力量提供了框架。他确认出了“促进”或“妨碍”目标实现的力量。

勒温的力量场分析是有用的，因为它有助于团体全面了解影响某个议题的各股力量之间的较量情况。以下简化图，左边一栏列促进力量，右边一栏列妨碍力量；箭头指向中间，箭头长短（或粗细）代表力量的强度。

**力量场图示**

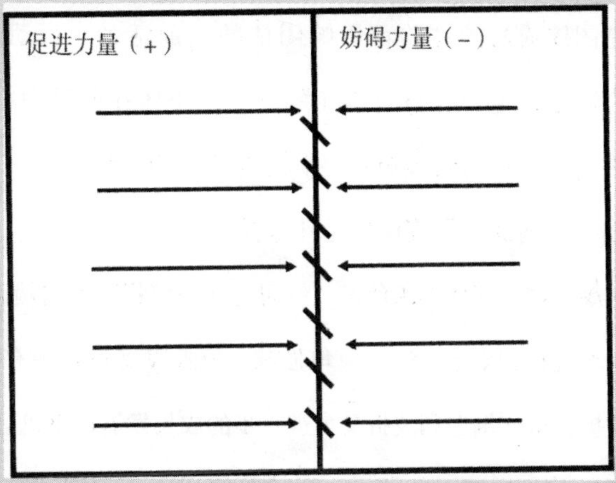


**进行力量场分析，考察促进或妨碍团队改变的各种力量。**

在以上模板：

1. 列出目前正在促进改变的力量。
2. 列出目前正在妨碍改变的力量。
3. 用 5 点量表评价各股力量的强弱，5 为最强，1 为最弱。
4. 与团队成员讨论如何
   a. 强化促进改变的力量。
   b. 弱化妨碍改变的力量。

根据勒温的观察，可以提出“团体具有螺旋性”的理念。说得精确些就是，团体在每个阶段的活动取决于当前影响团体的力量，而这些力量本身取决于团体前面的所有活动。螺旋视角意味着，所有团体成员的体验都影响团体的当前活动。行动连绵不断，没有固定的起点，没有真正的终点。团体在前进中有后退，当前行为受过去行为的影响——新出现的螺旋曲线是什么样，在根本上取决于前面的螺旋曲线是什么样。

像螺旋一样，团体不断前进，然而总在一定程度上依赖于过去，过去预示着现在和未来。螺旋视角强调，成长发展过程中有暂时的倒退和波折，这些倒退和波折又为进一步的成长发展提供机会。

正如螺旋视角暗示的那样，团体可以比作原始部落，这也是威尔弗雷德·比昂（Wilfred Bion）提倡的。根据比昂的说法，在压力之下，团体可能退化，重新拾起潜意识层面那些原始的信念。他把潜意识层面那些原始的信念叫作“基本假定”。比昂确认了三个基本假定：依赖、战/逃、配对，这三个概念构成了团体动力研究的基石。这些基本假定会严重妨碍团队合作，导致完全脱离现实的想法，成为繁殖不良行为模式的温床。

***“尽管团体之所以成立是为了追求明智而现实的目标，但是团体不可避免地时而陷入某种疯狂。”***

尽管团体之所以成立是为了追求明智而现实的目标，但是团体不可避免地时而在退化力量的驱动下脱离实际，陷入某种疯狂。团体会充满原始的、古老的幻想，引起强烈的、消极的情绪，妨碍、破坏具体任务的执行。例如，以为内部出了“叛徒”，团体就会变得偏执、愤怒，最后完全脱离正轨；或者，身处乱局，找不到方向，他们也许就期望出现一个“救世主”帮他们脱离苦海。我们下面会看到，比昂的三个基本假定，每个都有自己的逻辑，每个都会干扰具体任务的执行。

## 依赖

我们经常在潜意识里假定，领导者或组织也应该能够保护、引导我们，就像小时候父母对我们那样。受依赖假定控制的团体，在寻找一个强大的魅力式领导者来给他们指引方向。这样的团体，成员因共同的无助感、无能感、可怜感、对外部世界的恐惧感而团结在一起。对比于自己的这些感受，他们把领导者视作无所不能、无所不知的。他们愿意放弃自主，如果有人提供帮助的话。受这个退化动力控制的团体，一些典型话语包括：“你想让我/我们做什么？”“我不能独立做这种决定，你得跟我上司谈。”这样的话语反映出团队成员的焦虑、不安全感、职业不成熟、情绪不成熟，这些都是他们在僵化的组织环境中渐渐习得的，或者是僵化的组织环境强加给他们的。毫不质疑地相信领导者能指引方向、制造凝聚力，追随者就没有自己的批判思维，不愿也不易采取主动。尽管他们愿意执行领导者的命令，但是他们要求领导者把几乎一切都考虑好。一旦赖以仰仗的领导者不在了，团体就会出现官僚主义惰性。团体成员也许冻结在过去，得过且过，想着如果那个领导者还在的话会怎么做。

## 战/逃

我们在潜意识里的另外一个常见假定可能是：世界充满危险，我们必须时刻小心，准备或战或逃。当战/逃机制发挥作用，就倾向于把世界一分为二，要么是朋友要么是敌人。受战/逃假定控制的团队，盛行逃避姿态或攻击姿态。战表现为，攻击自己、同伴（嫉妒、竞争、排挤、抵制、争宠、夺位、与权威人物攀关系）或权威本身。逃表现为，避人、缺勤或放弃。盛行战/逃假定的团体，经常有人说“别把数据给财务部的人，他们只会利用那些数据对付我们”或者“如果不是某个白痴经营着，我们的组织一定会更好”。在言语中区分你我、划分敌友，说明战/逃假定控制了团体。这个状态下，团体成员往往不主动解决问题，而是恶意指责别人。因为世界观非黑即白，所以盛行战/逃假定的团体一门心思想方设法保护自己，对付“敌人”。

在某些情况下，领导者沦为战/逃假定的牺牲品，鼓励团体那个非好即坏、非敌即友、非黑即白的分裂倾向。他们把自己的问题投射到他人身上，煽动追随者去对付或真实或假想的敌人。他们用同仇敌忾法鼓舞士气、宣泄焦虑。一起寻找敌人、对付敌人，就会坚信自己的行为是正义的、正确的，进而坚定不移地做下去。一起寻找敌人、对付敌人，还会生出团体身份感。领导者对敌人的存在表现得非常确定，对敌人的打击表现得非常坚定，就让迷失之中的追随者有了方向感。由此产生的团结感很有安慰作用。随着追随者同化、打击持不同意见者，团体对领导者的依赖就越来越强。

## 配对

比昂的第三个潜意识假定是，渴望与自己心目中的强大个人或强大团队配对。这是他的三个基本假定中最难理解的一个。在配对中，团体里有两个成员联合起来控制了团体，其他成员也允许他们这么做。其他成员依靠这一对进行创新，这一对可以帮助其他成员应对焦虑感、疏离感和孤独感。

既想有安全感也想有创造力，于是幻想最有效的创新要靠配对来完成。两个成员配对起来，让整个团体有了希望。不幸的是，配对也意味着分裂。团体不可避免具有多元性，有的成员相信那一对，有的成员不相信那一对，于是团体内部发生冲突，变得四分五裂。

在配对模式中，狂妄自大的、不切实际的创意也许变得比务实和盈利更重要。受配对假定控制的团体，典型话语是："把这个问题留给我们两个吧，我们能解决。""如果 CEO 和 COO 关系更好一些，那么我们的公司一定发展得很好。"

**看看你的团队在压力之下是如何运行的。你能看出什么模式？你的团队怎么啦？**

琢磨以下陈述，根据自己的情况判断它们是“真的”还是“假的”。

| | 真的 | 假的 |
|---|---|---|
| 1. 团队成员好像不再独立思考。 | | |
| 2. 团队成员好像在寻找一个神奇的领导者解决所有问题。 | | |
| 3. 团队成员聚在一起似乎是为了满足依赖需要而不是执行具体的任务。 | | |
| 4. 战或逃成了回避具体任务的手段。 | | |
| 5. 团队成员聚在一起对抗领导层，或者回避领导层，而不是一起有效地工作。 | | |
| 6. 团队似乎在为内部或外部的某个共同敌人而忧虑。 | | |
| 7. 团队似乎在寻找某种救世主来解决所有问题。 | | |
| 8. 团队发展停滞了，因为团体成员希望某两个成员配对起来，形成有效的领导力，营救整个团队。 | | |

9. 团队似乎在寻找解决问题的灵丹妙药，而不是通过合作面对困难、克服困难。

**如果陈述 1、2、3 你判断为“真的”，那么你的团队具有依赖性。如果陈述 4、5、6 你判断为“真的”，那么你的团队具有战/逃性。如果陈述 7、8、9 你判断为“真的”，那么你的团队具有配对性。同一团体出现一个以上基本假定也是可能的。此外，有些团体会从这个基本假定转向那个基本假定。**

比昂还指出，即使一直在为同一任务或目标奋斗，团体也会在同一阶段在不同基本假定之间转换数次。

## 社会防御

基本假定在团体里盛行，强烈说明团体领导者没有充分处理以团体形式工作导致的焦虑。随着团体成员企图对抗这些原始的焦虑，团体的具体任务可能就耽搁了下来。团体成员很有可能发展出某种共同机制，抵抗以团体形式工作导致的焦虑。当这样的防御在组织范围内盛行开来，我们就叫它社会防御。

社会防御像个人防御一样起作用，但是镶嵌在组织的运行方式（包括规章、制度、流程、复杂的组织图、详尽的工作说明、具有组织特色的问题解决方式）中。社会防御的表面目的是让组织成员以为组织是个真正安全、包容的地方，进而放下心来。但是，社会防御的真正目的是转移、中和强烈的紧张感和其他负面情绪，例如焦虑、羞耻、愧疚、嫉妒、愤怒、性挫折和低自尊。有效的社会防御可以帮助组织成员处理令人不安的情绪体验。

当组织生活里的焦虑水平上升，经理人一般依赖组织现有的运行方式来包容焦虑。当组织现有的运行方式提供不了足够的包容，也就是当没有机会讨论、疏通焦虑，组织中的人就会退化，使用原始的防御机制，例如分裂、投射、转移、否认、合理化、理智化。当这些应对方式变成盛行的操作模式（而非偶尔使用的权宜之计），整个组织就会变得官僚化，组织中的人就会集体脱离现实，变得冷漠无情。

社会防御确实能够实现初衷，即减轻焦虑，增强安全感和控制感，但是也会用冰冷的控制代替人情味和意义感。有些团队的诞生和存在，本身就是社会防御的症状。例如，在某些情况下，组织成立工作小组，只是为了应对焦虑而做出的仪式化或常规化反应，而不是对具体问题的理性反应。

***"社会防御镶嵌在组织的运行方式中，这个镶嵌性给领导力咨询师带来了额外的挑战。"***

如果防御变得无处不在，成了社会防御，那么组织就很难高效地运行。为了防御疯狂蔓延，变成社会防御，我们需要深入了解它们。然而，社会防御是复杂的，镶嵌在组织的运行方式中，这意味着很难把它们与组织的运行方式分解开来，进而很难瓦解它们。正是这个镶嵌性给领导力咨询师带来了额外的挑战。

## 十二怒汉

有个例子特别适合用来从线性角度、元神话角度和螺旋角度分析团体的演化，那就是导演西德尼·吕美特（Sidney Lumet）1957 年拍摄的经典电影《十二怒汉》。12 个男人，被司法制度挑选出来，组成一个陪审团，决定一个被控谋杀自己父亲的少年是有罪还是无罪。法庭要求他们“排除合理怀疑”提交判决。最初看来是铁证如山的案子，最后完全是另外一回事。

一开始，还没讨论在法庭上呈现的证据，12 个陪审员就有 11 个投票说少年有罪。只有亨利·芳达扮演的 8 号陪审员，拒绝掉入团体思维的陷阱；他不愿就这样草率地决定把一个少年送到电椅上。他对其他陪审员坦陈，他不知道疑犯是有罪还是无罪，但是他需要花时间讨论案子。他认为案子有个疑点，他自认为这个疑点是合理怀疑。

《十二怒汉》深入展现了团体发展的不同阶段，揭示了把 12 个来自不同行业的人变成一个齐心协力的团队，过程是多么纠结，困难是多么频出。阶段与阶段之间的界限非常清楚，可以看出多个转折点，这些转折点标示着团队从形成期到震荡期，再到规范期，最后到高产期的过渡。在形成期，陪审团成员相互认识，选了主席。这个阶段终于1号陪审员投票之时。在震荡期，随着陪审团成员首次投票决定疑犯是有罪还是无罪，冲突出现了。这个阶段始于投票结果11对1在陪审员中间引起了骚动。在规范期，陪审团成员选择使用什么规则在决策中协调彼此，开始认真地讨论案子。这个阶段，他们反对固执的12号陪审员的意见，进行了第二轮投票，投票结果是6对6。最后，在高产期，陪审团成员好好合作。这个阶段始于一直认为嫌犯有罪的三个陪审员被其他陪审员要求解释原因。

从元神话角度来看，我们跟着8号陪审员追寻真相和正义。他最初是唯一与其他11个陪审员持不同意见的，因为他发现了一个疑点。他是孤胆英雄，追求真相，追求十分审慎的判决。8号陪审员说服其他陪审员相信，有时候真理掌握在少数人手中。在很多方面，他的追寻是颂扬正义。他成功地坚持了正义，对疑犯执行了公正的判决。

从螺旋角度来看，我们可以看到所有三个基本假定是如何通过陪审团数个扮演领导角色的成员形成的各种小团体来起作用的。真正的讨论开始后不久，8号陪审员与4号陪审员（一个冷静、精明、善于理性推理的经纪人）成为**事实上的**团体领导者，其他陪审员以各种各样的方式追随他们，大家选出来的主席1号陪审员（一个橄榄球教练）被架空了。随着电影的进行，一个接一个陪审员倒戈加入“无罪”组，其中原因并不清楚。大多数陪审员不过是追随者，在8号陪审员的说服下改变了投票——依赖假定。其他陪审员，有一些或战或逃，还有一些结成了对子。

电影还密切考察了每个陪审员的内心剧场。陪审团的12个成员，性格、背景各不相同。投票过程中，有的人私心在作祟。那些最初投“有罪”票的人到底是基于什么目的投了“有罪”票，电影后来一一给了答案。7号陪审员，一个以自我为中心的人，对案子一点不感兴趣，脑子只有一个想法：不要错过当晚的棒球赛。3号陪审员，一个吃苦耐劳的生意人，坚信疑犯有罪，想把疑犯处死。他之所以这样，是受个人感情的影响。“杀子”似乎是他内心剧场不时出现的主题，反映了他对自己儿子的矛盾情感。意识到了这层情感，他才加入了“无罪”组。在8号陪审员的帮助下，每个陪审员认识到了自己的个人偏见在投票决定中的作用。把内心剧场外化，让很多人改变了观点，大家最终形成了一致的决定。

个性冲突、共同协作、一起追求真相，只是电影展现的少数几个团体动力特征，陪审员之间的每次互动都参考、演绎了一个内心剧本。12个人代表了12种典型的个性，例如10号陪审员代表固执，4号陪审员代表冷静，2号陪审员代表勇气（他最终为自己的意见负责），8号陪审员代表正直。对该团体秘密生活的元分析表明，8号陪审员之所以有影响力，是因为他在潜意识里觉得，潜藏的暗流破坏了团体形成公平、正直判决的能力。对被控谋杀的少年来说，幸运的是，8 号陪审员能够说服其他人重新评估最初的判决。

# 第6章 深入云：团体作为整体

人基本上可以分为两类：第一类有所成就，第二类自称有所成就。第一类不如第二类多。

——马克·吐温

从蜡笔身上我们能学到不少东西：有的尖，有的钝，有的好看，有的名字怪，颜色各有不同，但都能学会在一个盒子里共处。

——无名氏

所谓潜意识，就是语言大陆上的一些东西，因为古老禁忌被驱逐出去，形成的不可言说的海洋。

——伊塔罗·卡尔维诺

远古时代的某一天，拉科塔①一位上了年纪的通灵大师坐在

① 美国西部一个美洲原住民民族，居住在今日的南、北达科他州。

高高的山上，看到了这么一幅景象：伟大的智者伊克托米（Iktomi）以蜘蛛形象现身了。景象里的伊克托米一边用一种神圣的语言跟通灵大师说话，一边取下了通灵大师的项圈（项圈是用柳枝编的，上面装饰着羽毛、马毛、珠子以及其他小东西），开始织网。

伊克托米跟通灵大师讲生命周期，即我们是怎么从婴儿变成小孩然后变成大人的。最后，他说，当我们老了，我们需要别人像照顾婴儿一样照顾我们，这样我们就回到了人生的起点。“但是，”伊克托米说，“人生每个阶段，有很多力量：有些是好的，有些是坏的。如果你听从好的力量，它们就会引导你去往正确的方向。如果你听从坏的力量，它们就会引导你去往错误的方向，最终可能伤害到你。这些力量可能促进也可能妨碍大自然的和谐。”伊克托米一边说，一边织网。

说完了这些，伊克托米把网交给通灵大师，然后交代：“这个网是个完美的圆圈，正中间有个洞。用这个网帮助你的族人实现目标，好好利用他们的梦。如果你相信神灵，那么这个网会抓住你的美梦，让你的噩梦从洞里溜走。”

通灵大师拿了网，下了山，回到族人那里，把看到的景象告诉族人。自那以后，很多美洲原住民族就在床头挂捕梦网，筛选梦。美梦落在网上，噩梦从网中间的洞溜走。有些人相信捕梦网掌握着他们未来的命运。

就像拉科塔的捕梦网一样，团体作为整体是个非常独特的存在，它也可以比作网，这个网捕捉的是所有成员的集体幻想，不管是有意识的还是无意识的。因为这个网布满各种相互连接的心理力量，所以它捕捉到的幻想展现出很多不同的品质——有的幻想对其他幻想产生积极影响，有的幻想对其他幻想产生消极影响。就像每个团体头顶都笼罩着一片云。

***“团体大于所有成员之和。”***

对团体动力感兴趣的人，提出了好几个概念，用来理解团体正在发生什么事情。团体作为整体是其中的一个概念，其他概念包括社会网络、生命系统、团体基质、社会潜意识、团体心理或者反射层面。其实，我们还可以使用另外一个概念，集体“云”意识。所有这些术语都意味着，团体本身可以看作一个内部错综复杂的存在。因此，团体大于所有成员之和。在团体里，人际互动往往同时发生在两个层面：一个是有意识层面，一个是潜意识层面。

从历史角度来看，团体作为整体理论可以追溯至1896年，当时法国社会学家古斯塔夫·勒庞出版了《乌合之众》，这本书研究了团体作为一个社会系统有什么样的行为，还研究了个体成员与那个系统有什么样的关系。根据勒庞的说法，加入团体就会牺牲一部分个性，因此团体比个体更容易受影响、受暗示。在他看来，团体是一个极端的地方，那里原发过程思维占主导地位。“一个个人聚成的团体就像一粒粒沙聚成的沙堆，风想怎么吹就怎么吹。”勒庞说的风，指代任何支配性力量——这个力量来自某个权威，例如魅力型领导者——它能让团体心理偏往这个或那个方向。

在勒庞的影响下，西格蒙德·弗洛伊德持相同看法，与作为个体相比，作为团体的一员，对人对事的反应方式是不同的。(那时，基于实验的社会传染理论还不出名。）正如弗洛伊德主张的那样：“团体的感受总是非常简单、非常夸张。所以团体不知道怀疑、模糊为何物……截然相反的观念能在团体里和谐共存……逻辑上的矛盾不会制造任何真正的冲突。”根据弗洛伊德的说法，在团体里，当源自古老本能的原发过程被激活，个体抑制就消失。在团体里，再怪的事情都有可能发生；团体行为可能非常情绪化、冲动和极端。

当然，团体里的所有个体并非都往一个方向使劲。严谨的团体行为研究者皮埃尔·特尔克特，提出了更精确的概念“一导向”和“我导向”来描述团体里的生活。在他的概念框架里，一导向指追求与一个无所不能的力量融合。因为这种心态，所以有些人愿意放弃自我获得团体身份，以体验活力感、完整感和幸福感。他们的主导幻想是：只有归属于团体，才有可能存在。

另外一方面，我导向指避免被团体吞没。在某些人看来，团体像危险的猛兽，会把成员吃得连骨头都不剩。这些人害怕失去自我，当他们成为团体的一分子，他们会有湮没感，于是烦劳不已。然而，我导向心态允许他们躲在自己那个安全的内心世界，否认团体的存在。然而，如果这样的心态占主导地位，那么他们就会完全否认外在现实，只关注内在现实。

***“在团体背景下，人有一个基本需要：既渴望靠近他人，又不愿靠得太近。”***

回到叔本华的刺猬，我们可以推测，在团体背景下，人有一个基本需要：既渴望靠近他人，又不愿靠得太近。这两股力量一直都在，只是强度会有变化。团体每个成员都有意无意地在这两股力量之间挣扎，于是对团体里的人际距离持矛盾态度，这种矛盾态度也许会投射到团体作为整体上。

每个成员的内心剧场，都有这两股力量在较劲。聚合到团体层面，这两股力量就分别表现为凝聚力量和分裂力量。当凝聚力量压倒分裂力量，团体就运转良好。当分裂力量压倒凝聚力量，团体就像一盘散沙。如果不同依恋模式之间出现冲突，或者我导向与一导向之间出现冲突，那就会引起明显的紧张。这些相反的力量必须以这样那样的方式加以新陈代谢掉，免得团体成员生出偏执性焦虑或抑郁性焦虑。

## 集体潜意识和社会潜意识

正如这些讨论表明的那样，团体过程分为意识层面和潜意识层面。潜意识层面的团体过程，有些成员知道，有些成员在潜意识里知道，有些成员根本不知道。

为了深入了解潜意识层面的团体过程，我们可以先跑下题，谈谈荣格心理学。在荣格看来，个人潜意识多多少少是集体潜意识的表层。根据荣格的说法，个人潜意识中的主题，曾经是在意识层面，后来因为遗忘或压抑从意识层面消失了。对比之下，集体潜意识的内容，从未出现在意识层面，因此个人从未意识到集体潜意识的内容，只是把其存在完全归于遗传。换句话说，某些无意识的结构和倾向，我们所有人都有：它们是进化留给我们的一部分遗迹。集体潜意识是个基本的生物现实。它由普适的深层结构和文化信念体系构成；潜意识力量驱动着团体、社区和社会。因此，作为人，我们都有某些生理倾向，也有某些心理倾向。我们的 DNA 记录了我们的生理倾向，而我们的心理倾向记录在集体潜意识里。我们所有人都从一个公共池里吸取观念、意象和意义。根据荣格的说法，在团体作为整体层面生出了一种大于各成员贡献之和的东西。

整个社会、整个民族乃至整个人类都共享进化留下的这个遗迹；换句话说，它是祖先的经验结晶，包含科学、宗教和道德。在荣格看来，我们能在集体潜意识里找到的基本形式是原型，即在整个民族、整个国家、整个大陆一再出现的各种各样的思考行动模式。原型有很多种，但是最突出、最重要的是四种，人格面具、阿妮玛、阿妮姆斯、阴影；另外，集体潜意识的核心是自性[①]。荣格还指出，理解集体潜意识的途径只能是，考察人类心理的象征通意——艺术、梦、宗教、迷思以及关系模式和行为模式中的主题。

荣格描述集体潜意识时在先天遗传和社会学习之间徘徊，而精神分析师兼社会学家艾里克·弗洛姆更倾向于后者。弗洛姆是“社会潜意识”这个术语的发明者。他把“社会潜意识”定义为“一个社会的大多数成员共同存在的被压抑的领域”。根据弗洛姆的说法，我们的信念、价值观和禁忌是那么根深蒂固，随着时间的推移渐渐变成无意识的——进入社会潜意识，限制我们思维的自由度。弗洛姆认为，家庭充当了社会潜意识的代言人或教导者，用所处社会认可的教养方式塑造孩子的性格，进而把社会潜意识注入到孩子脑中。弗洛姆认为，教育、洗脑、宣传有很多共同之处。每个社会都规定了哪些想法和感受可以进入意识，哪些想法和感受需要留在潜意识。

为了进一步阐述弗洛姆的理论，我们可以假装看不见我们所属社会宣扬的那些东西。然而，不管我们看没看见，我们必须承认那些东西是确实存在的。说到底，什么是有意识的，什么是潜意识的，取决于我们所在社会制造的感受和思考是什么样的结构

---

① 人格面具指一个人在公共生活领域扮演的角色、呈现的面孔。阿妮玛指男性身上的女性特征。阿妮姆斯指女性身上的男性特征。阴影指人格最深层具有动物性的生物遗传，包括一切不道德的欲望、情结和行为。自性的作用是协调人格的各组成部分，使之到达整合、统一。

和模式。在弗洛姆看来，与个体意识大不相同的是，社会潜意识自成一个现实。

像之前的勒庞、弗洛伊德、特尔克特一样，荣格和弗洛姆在团体里发现了强大的暗流，这股暗流包含很多为所有成员共享的观念、意象和意义，这些共享的观念、意象和意义是所有成员所在社会经年累月沉淀下来的。这个观点，其他团体动力研究者表示同意。这些研究者还暗示，一些不受团体成员控制的力量在驱动着团体成员——就像团体作为一个独立存在有自己的需要似的，整团动力独立于个体层面的动力对团体成员施加影响。

例如，(像荣格和弗洛姆一样) 齐格非・福克斯认为：“先有社会潜意识（或人际潜意识）后有个体意识。存在一个实体叫作团体基质，它的基础不仅有种群的生物属性，而且有一些深深嵌入文化的价值观和反应。这些价值观和反应，主要是在核心家庭、社会网络和社会阶层形成和传播的，在现在所属小圈保持和修订的。”这个团体基质充当着个体成员心理过程的发生之地和包容环境，因此可以视作所有团体互动的假想基地。

厄尔・霍博进一步丰富了“团体作为整体所蕴含的社会文化力量，影响着团体中的个体”的理念。他是另一位团体动力研究者，认为：“社会潜意识指那些遭人无视但对人际交往起着约束作用的社会规则。无视包括四种情况：没有觉察到；觉察到了但不承认；承认了但不认为有问题；认为有问题但不能以适度的冷静和客观去对待。”因此，根据霍博的说法，社会潜意识寄居在我们所有人身上，但是我们无视它的存在。通常，我们视之为理所当然。

## 社会潜意识的现实

***“我们带着文化‘行李’加入团体，这个文化‘行李’暗暗影响着团体的行为和互动。”***

在多个团体动力研究前辈的基础上，我提出一个观点：社会潜意识可以视作社会与心理之间的桥梁。社会系统每个成员贡献一部分东西，一起创造一个为所有成员共享的潜意识。社会系统可能是一个家族、一个组织、一个社区、一个社会或一个国家，或者以上皆是。共享的潜意识容纳共享的焦虑、幻想、防御、迷思、禁忌、记忆，甚至创伤体验——一代代积累下来的表征。我们带着文化“行李”加入团体，这个文化“行李”暗暗影响着团体的行为和互动。

考虑到无时不在的社会潜意识，我们所有人都镶嵌在错综复杂的关系网中，而且我们并非总是十分清楚地意识到了这个事实。也就是说，我们所有人不仅要处理一个内在心理现实，而且要处理一个外在社会现实——我们往往意识不到这些影响我们的潜意识力量。

**你发现团体作为整体有哪些感受？**

- 感觉到爱与被爱
- 害怕过于亲密
- 觉得痛苦悲伤
- 觉得羞耻
- 觉得愧疚
- 觉得嫉妒

**反思这些感受的表达方式。继续回想团体作为整体有哪些想法。**

敏锐的观察者也许会注意到，团体每个成员的内心剧本外化出来后有时会相互碰撞、连成一片。如果相互碰撞、连成一片，那么每个成员在处理自己独有的内在心理现实之外，还要处理大家共享的外在社会现实，也就是大家共享的幻想、假定、信念、移情反应、未解决的冲突等。从这个意义上说，进行团体教练，不能忽视社会潜意识。与团体打交道，我们需要意识到社会潜意识的存在。此外，社会潜意识的存在，让我们能够做云观察（见图 6.1）。

例如，我干预过的一个经理人团队，有个成员在反思前一天的活动时提到了晚上做的一个噩梦：

看着镜中的我，我不敢相信自己的眼睛。我像僵尸一样苍白。但是，真正令我烦恼的是，我几乎变成了秃子。就像做过化疗一样，头上仍有几绺头发，但是大部分头发都掉了。我非常不安，砸了镜子。我立即醒来了。照镜子受了惊吓，又粗暴地砸了镜子，结果醒来后心里充满焦虑。

1. 生理方面的（饿、渴、排泄需要、睡眠需要、呼吸需要等）
2. 性/感官方面的（色欲、口欲等）
3. 依恋/归属方面的（想要关怀、想要被爱、害怕孤独、害怕亲密、害怕遭抛弃、害怕被吞没、处理哀痛悲伤等）
4. 恐惧方面的（自尊低、自我价值感低、受伤害、受羞辱、觉得尴尬、觉得愧疚、没有安全感、让别人害怕、不被人信任等）
5. 愤怒方面的（愤怒、怨恨、羡慕、嫉妒、失控、恐慌等）
6. 探索方面的（玩耍、尝试等）

图 6.1　人的基本关注点："云" 问题

这个成员告诉团队，他一直在结合前一天发生的事情思考这个梦。前一天的讨论主题是，组织里是否有几股强大的势力威胁到了他们的工作。尽管他没有发言，但是他其实挺操心的。一段时间前，他们成立了一个堪比于"臭鼬工厂"的实体，还把这个实体经营得极其成功。他们的成功，让组织里的几个利益集团觉得受到了威胁。在前一天的讨论中，团队有些成员说，他们觉得公司里有几个高级经理人正在合谋对付他们。这些人想灭掉那个实体。如果这些人成功了，那就意味着团队要解散了。

我向团队指出，做梦的那个人，代表他们所有人表达了他们对现状的无能为力感。我想知道，面对这么不公平的事情，团队有多愤怒。但是，在前一天的讨论中，团队并没表现出多少愤怒。相反，他们一直在谈论怎样做最有利于组织。但是，这个成员的梦泄露了他们真正的感受——头发掉了，其实象征着他们觉得“重要部分被切除了”，这让他们非常愤怒。

这个例子说明了整团动力是什么样的：个人潜意识包含很多不为社会接受的欲望，而个人是在相对类似的环境里社会化的，所以可以合理地假定，个人潜意识里那些不为社会接受的欲望，有很大一部分颇具普遍性；放在团体里，个人潜意识共性的那一部分非常容易被激活，让整个团体出现共享的幻想。

但是，把团体作为整体完全视作一个受退化力量控制的独立存在（正如一些学者做过的那样），就会脱离此时此刻的现实。团体此时此刻的互动是关键所在，关注团体过程那些原始古老的部分，只是为了理解团体此时此刻的互动。

## 权力分配

***“很多团队之所以卡住了，是因为没有讨论与权力分配有关的话题，或者讨论了但没达成一致。”***

团体云中的常见主题之一，与权力分配有关。具体而言，就是谁的权限高于谁？谁指挥，谁服从？很多团队之所以卡住了，是因为没有讨论与权力分配有关的话题，或者讨论了但没达成一致。团队内部的权力分配问题，需要讨论清楚，如果有必要，还需要不断重新协商。

人类自诞生以来，就面临权力分配问题。在遥远的旧石器时代，头号雄性对确保物种生存起着重要作用。就像我们今天可以观察到的银背大猩猩一样，部落首领必须指出去何处寻找食物，怎样对付猛兽，在寻找食物或对付猛兽的过程中如何分工协作，找到食物后如何分配食物，打跑猛兽后如何给予奖励。快进到现代，我们可以看到公司高级经理人是怎样扮演类似角色的：指引方向、提供保护、建立秩序。

争权夺势，是团体生活不可避免的一部分，影响着整团动力。颠覆的欲望、叛乱的诱惑，无时不在。CEO 在经理人团队里的一个重要任务，就是防颠覆、防叛乱。团体里的争权夺势，不过是原生家庭里同胞争宠的剧情再现。争权夺势是团体云里那个由多种多样情绪状态和多种多样行为模式构成的大杂烩的一部分。

## 寻找替罪羊和情绪变化

偏执性焦虑和抑郁性焦虑是团体作为整体的主要情绪动力。

偏执性焦虑和抑郁性焦虑的核心是基本的无助感，无助感是隐藏最深的焦虑源（在婴儿时期，我们什么都要依靠他人，非常无助，进而非常焦虑；随着我们渐渐长大，这种焦虑进入了潜意识，但是一旦我们陷入无助状态，这种焦虑就被唤醒）。

如果不处理这些退化力量，团体作为整体就会沦为偏执心态的牺牲品。偏执心态表现为怀疑、虚伪、敌意、恶行、争宠、羡慕、嫉妒、怨恨和恐惧。这些负面情绪会导致团体变成一盘散沙，进而让团体很难有高产出。

因为偏执，所以某些成员会恶意对待其他成员。因为偏执，所以一些团体成员总是怀疑教练师话中有话。因为偏执，所以一些团体成员联合起来对抗共同的敌人——团体领导者。

偏执也许还伴有抑郁。有些成员觉得孤独，被其他成员孤立甚至排斥，于是生自己的气，对自己的错误和成就采取非常挑剔的态度，不停地为想象的恶行责怪自己。这样强烈的自我批评可能导致一个自我毁灭恶性循环，干扰任务绩效——更别提干扰团体运行。

***“团体作为整体把自己身上不被接受的冲动投射到替罪羊身上。”***

偏执，就会寻找替罪羊。寻找替罪羊，就是不去攻击真正让自己受挫的那个人，而是攻击一个相对安全的目标。这里的安全是指，不用担心反抗和报复。团体作为整体把自己身上不被接受的冲动投射到替罪羊身上。暂时把不想要的那部分自我投射到他人身上，既可以缓解焦虑，也可以让迁怒变得合理。这个投射有个附加好处，通过制造一个共同的敌人，让“好”的团体成员团结起来。

在很多情况下，替罪羊之所以被选为替罪羊，是因为他们身上有一些不同于团体其他成员的特征，例如他们的出众位置或者边缘位置。另外，某些地位低下的成员，因为身上有那种沦为替罪羊的气质，所以团体经常把所做的见不得人的坏事、蠢事推到他们身上。

## 整团动力作为促变力量

***“分享、接纳他人的内心世界，有助于制造信任—自表—共情—接受的良性循环。”***

整团动力尽管复杂，但是也许能让团体深入了解自己。通过多种多样的团体干预、团体辅导，团体成员也许意识到自己的问题有一定程度的普遍性。参加团体教练，就是获得一次机会来讨论各自面临的挑战及其解决方案。这是因为，整团动力可以把遭到压抑的恐惧等感受带进意识。分享、接纳他人的内心世界，有助于制造信任—自表—共情—接受的良性循环。助人（即给他人提供支持、安慰、建议和意见），可以起到治疗作用，增强自尊感和幸福感。另外，在团体里，还可以向角色榜样学习。因此，整团动力是一个重要的促变力量。

整团动力与团体成员原生家庭动力是类似的。因为某些模式具有持久性，所以团体成员会不由自主地重演原生家庭剧本。在整团动力的促动下，团体成员可以更好地了解过去与父母、兄弟姐妹以及其他人的关系。当某个团体成员讲述了自己所经历的事情和所面临的苦恼，其他团体成员可以和教练师一起指出当前问题与过去经历之间的联系，还可以就如何解决当前问题提出各种各样的建议。

为了说明这一点，说说我干预过的一个经理人团队。这个团队有个成员，即营销副总裁，总是抱怨遭到排挤。比如，她抱怨说，高级经理人之间好几次聚会都忘了邀请她；她还抱怨说，公司一次重要会议把她漏掉了。在某节团体教练中，她对团队其他几个成员提议说：为了让经理人委员会更好地运行，以后大家开会时记得叫上她。她一一罗列了具体有哪几次重要会议，她觉得她应该参加但是没人邀请她。从面部表情和说话语气来看，团队其他几个成员显然觉得她的抱怨太烦人，特别是因为没让她参加的会议大都与她的职责没有关系——正如他们想向她指出的那样。财务副总裁犀利地提醒她，大家开会之所以经常没叫她是因为她已经超负荷工作了——不过她否认这一点。讨论一度变得非常紧张，CEO 不得不介入进来平息大家的情绪。

目睹这一切，我在一旁问自己几个问题。对这个团队而言，交流只是日常工作不可缺少的一部分吗？这不过是两个人之间存在误解吗？还是，他们的争论并不像表面看起来那样简单？

那个时候，我对所有三个人的个人历史还一无所知；如果了解了他们的个人历史，就可以从另外一个层面理解他们的争论。我（以及团队其他一些成员）认识到，所有三个人都正在重演某个家庭剧本。营销副总裁的原生家庭，除了她之外，还有两个女儿，这三个女儿相互竞争得厉害。她总是觉得父亲偏爱姐姐、母亲偏爱妹妹，这给她留下了永久的被遗忘感、被排挤感。小时候的被遗忘、被排挤可能是事实，可是长大后的被遗忘、被排挤很大一部分是臆想。至于财务副总裁，他有一个哥哥，这个哥哥总想出风头、压过他。营销副总裁的行为让他在潜意识里想起了他的哥哥，所以觉得她的抱怨很烦人。显然，两人对彼此都有负面移情——这一点可以从他们的身体语言和言语沟通中轻易确定出来。让局面变得更混乱的是：CEO 不让团队自行解决冲突，总是提前中断冲突，让每个人都很不满意。他宁愿把事情压下去，让人家把情绪埋在心底。他在潜意识地扮演和事佬——他非常熟悉这个角色，小时候，他的父母经常吵架，他总是做和事佬。所有这三个人都在表演小时候可能非常有效但此时此刻不再有效的内心剧本。我意识到，是时候让他们看到他们在多大程度上冻结在过去了，是时候让他们选择更有效的剧本并有个全新开始了。

**你多擅长解读整团动力？**

琢磨以下问题，回答“是”或“否”。

| | 是 | 否 |
|---|---|---|
| • 你脑子里是不是时而出现一些古怪的幻想或观念，帮你理解团队到底怎么啦？ | | |
| • 你能用一种切合时宜的方式表达并分析这些幻想和观念吗？ | | |
| • 你能迅速看出团队里的某些人在扮演某个角色吗？ | | |
| • 团队在讨论中出现了沉默，你知道如何处理吗？你知道如何评估团队的情绪状态，让团队走出僵局吗？ | | |

**如果大多数问题你都回答“是”，你就拥有云意识，有能力推动团队往前走。**

正如这个例子表明的那样，团体作为整体的潜意识汇聚了各成员带到团体的无意识假定。这些无意识假定表现为移情模式，来自过去与重要他人之间的互动，主导现在与团体其他成员之间的互动。可以合理地假定，每个成员的内心剧场都包含一些早期未解决的冲突，这些未解决的冲突被压抑到了潜意识，可是仍然影响现在的人际关系，如果不加以处理，就可能导致严重的人际冲突。

## 消极能力

加深教练体验，说来容易做来难。进行团队建设，促变者经常会被团队动力迷惑住。遇到这种情况，促变者就需要能够暂停怀疑，回到内心世界，进行自我反思，分析、弄清到底是怎么一回事。擅长打造高绩效团队的人，不害怕不确定的东西，也不害怕未解决的问题，能够保持开放心态。他们拥有一种能力，即诗人约翰·济慈所说的“消极能力”，“能够坦然面对不确定之处、神秘之处和存疑之处，不急于追求真相”。济慈说这句话是针对莎士比亚的作品，但是多年以后精神分析师威尔弗雷德·比昂借用了他的这句话提醒精神分析师，不要急急忙忙诠释来访者的行为。重要的是，刻意保持开放心态——让想象之窗一直开着，不急于下结论。

**消极能力评估**

琢磨以下问题，回答“是”或“否”。

| | 是 | 否 |
|---|---|---|
| • 处理神秘之处，你能不过于焦虑吗？ | | |
| • 遇到费解之处，你能暂停怀疑吗？ | | |
| • 你愿意保持不确定状态吗？ | | |
| • 你容易接受新观念、新想法吗？ | | |
| • 你能在细节不明的情况下运用想象力吗？ | | |

**如果大多数问题你都回答“是”，那么你可能拥有消极能力。**

## 盲人摸象

***“团体上演的戏码影响成员的内心剧本，成员的内心剧本影响团体上演的戏码。”***

部分总与整体相连，整体的遭遇影响部分的遭遇。就团体及其一个个成员而言，团体上演的戏码与成员的内心剧本之间存在有趣的交流。团体上演的戏码影响成员的内心剧本，成员的内心剧本影响团体上演的戏码。时而是团体成员之间的相似之处占主导地位，时而是团体成员之间的不同之处占主导地位，所以团体成员之间的关系时松时紧。

要想打造高绩效团队，就要牢记盲人摸象的寓言。六个盲人（应国王的要求）摸一头大象，（向国王报告）大象长什么样。摸到腿的人说，大象像柱子；摸到尾巴的人说，大象像绳子；摸到鼻子的人说，大象像软管；摸到耳朵的人说，大象像扇子；摸到肚子的人说，大象像墙；摸到长牙的人说，大象像长矛。

当然，六个盲人都是对的，但是没有一个人全对——也没有一个人全错。这个寓言说明了传统推理的不足之处——容易以偏概全。每个人只能理解很小一部分现实，每个人根据自己理解的那一部分现实做出诠释，坚信自己是正确的。

作为人，我们倾向于定义我们自己的现实。但是，我们太容易掉入陷阱——以为自己了解真相，其实只是了解一部分真相。如果我们只理解生活的显性层面，那么我们就不能完全了解自己。然而，把不同人了解到的东西汇聚到一起——就像六个盲人一样——也许就能了解全部真相。所有对团体动力感兴趣的人，都要时不时地连线云端。

# 第三篇

# 打造真实活力型组织

# 第7章　系统取向的组织变革

上帝啊，请赐予我冷静去接受我所不能改变的事情，赐予我勇气去改变我能改变的事情，赐予我智慧去区分两者的差别。

——雷茵霍尔德·尼布尔（Reinhold Niebuhr）

拒绝改变的人是腐朽的设计师。唯一拒绝进步的人类机构是墓地。

——哈诺德·威尔逊（Harold Wilson）

如果你不喜欢某样东西，那就改变它；如果你改变不了它，那就改变你对它的态度。

——玛雅·安吉洛（Maya Angelou）

我找不到一个想做我想做之事的团体。没有哪个团体真的为之做好了准备。

——汤姆·詹金森（Tom Jenkinson）

如果设计、实施一项改造方案像开出、服下一粒药丸那么容易，那就不需要领导力教练或其他什么形式的干预了。然而，正如前面几章的讨论表明的那样，改造是很难的事情，不管是改造个人还是改造组织。如果团体教练的首要目标是通过营造教练文化来提高组织有效性，那么讨论完团体教练后最好再讨论一下个人转变和组织变革。

## 系统改造观

除了关注心理动力过程以外，我们还应该有更系统的组织观，即把组织看成一个有机体——它长什么样取决于它的各部分长什么样以及各部分是怎样组合的，它想往哪个方向行动取决于各部分想往哪个方向行动以及各部分是如何协调的。如果我们认识到多组织正在复杂化、全球化、矩阵化，那么我们就会觉得更系统的组织观特别有吸引力。

复杂化、全球化、矩阵化有很多优势，也有很多劣势。例如，复杂化、全球化、矩阵化就意味着多元化、虚拟化，而多元化、虚拟化意味着团队越来越难满足个人的归属需要和信任需要，进而更有可能滋生“非敌即友”的偏执思维。如果团队成员定期碰头（不是远程的，而是面对面的），那么团队成员背景迥异就不是什么问题；可是，如果虚拟化了，那么多元化就很有可能催生割据状态、权力斗争、决策缓慢。要在根本上解决这些问题，就要采用系统的方法——记住，正如我前面提过的那样，仅在技术层面解决问题是不够的，必须把人的因素也考虑在内。

系统学是一门跨学科的学科，研究的是自然、社会、科学中复杂系统的性质，我们可以用这个框架调查或者描述任何一个为了某个目标而合作的团体。系统学的一些要素对组织变革和团体教练很有启发意义，特别是有利于获得更整体的组织观。

系统干预，从人际关系角度而非个人内心世界角度看人。采用系统取向，就能更好地理解系统各部分的相互作用，还能更好地了解全貌。系统学家喜欢说，要想掌握全面的信息，只看系统的组成部分是不够的，还要看整个系统。在很多情况下，整体具有任何部分都没有的属性。联系前面有关团体作为整体的讨论，可以说我们这里是在谈论系统中的团体。

系统学在20世纪50年代成为一门独立的学科。它整合了好几个学科的原理和概念，包括科学哲学、物理学、生物学和工程学。系统取向现在应用到了很多领域，例如社会学、政治学、组织理论、卫生管理、管理学、经济学和心理治疗——特别是家庭系统治疗。系统学概念已经悄悄深入人心了（就像很多精神分析概念一样），很多日常语言都包含系统一词，例如卫生保健系统、身体系统、家庭系统等。尽管系统学有生物学渊源，但是事实证明系统学用来解释人在组织背景下的行为也非常有效。系统学的概念有助于我们理解人际关系中的人，有助于我们解读团体内部的复杂互动，有助于我们理解变革阻力。

系统学有个重要概念，稳态。这个概念最初是个生物学概念，指内环境的理化性质不是绝对静止的，而是各种物质在不断转换之中达到相对平衡状态，即动态平衡。不管暂时受到什么扰动，运用自我矫正和自我调节能力，系统最终总会恢复稳态。这个概念有助于解释为什么改造——意味着从根本上破坏一个稳态——如此之难。因此，要想有效地变革，就要用正负反馈环路（系统学的另外一个重要概念）把组织系统的各个部分连接起来。在这些反馈环路的帮助下，一个部分的变化会影响其他部分——最终让系统进入新的稳态。

***“系统视角让我们更加清楚地意识到个人层面的因素、人际层面的因素、团队层面的因素是如何交互作用影响个人的。”***

采用系统取向进行团队干预或组织干预，就要重点关注人所在的关系网络和问题的出现背景。这个视角有助于促变者识别有问题的行为模式，弄清这些行为模式是如何形成的，从团队互动角度如何理解这些行为模式，如何利用反馈环路支持变化。系统视角让我们更加清楚地意识到个人层面的因素、人际层面的因素、团队层面的因素是如何交互作用影响个人的。系统取向的干预者，不仅探索人们的沟通方式，而且探索人们的沟通内容，以确认并探索个人层面和人际层面的价值观、信念、态度和行为模式，让干预对象能够决定想要改变哪些地方。人天生不喜欢被改造，所以面对改造会出现防御。组织作为一个有机体，也天生不喜欢被改造，所以面对改造会出现社会防御。在组织里实施变革，会遭遇系统性阻力。

## 个人转变和组织变革的过程

从前，有个小和尚，他在路上遇到了一条很宽的河。无助地盯着宽宽的河面，他冥思苦想了几个小时要如何渡河。正要放弃返回的时候，他看到对岸有个老和尚。小和尚朝老和尚喊道："喂，睿智的大师，您能告诉我如何去对岸吗？"

老和尚想了一下，来回扫了几眼大河，回答说："孩子，你就在对岸啊。"

正如这个故事暗示的那样，变化很大程度上取决于我们从哪个角度去看它。我们也许很难从他人角度看问题，所以变化不会自然而然地发生。我们往往非常不愿改变。改变意味着打破平衡、威胁稳态。我们回避那些扰乱现有秩序、威胁自身利益、增加压力、涉及风险的情境。引用经济学家约翰·肯尼斯·加尔布雷思的话说："如果面临两个选择，要么改变（主意），要么证明不必这么做，那么几乎所有人都会赶忙寻找证据。"

***"生存下来的不是最强壮的，甚至也不是最聪明的，而是最能适应变化的。"***

在大多数情况下，改变过程并不舒适，并不平静。与此同时，我们知道改变是不可避免的。唯一不变的就是变，这是个真理。进化心理学让我们清楚地看到，生存下来的不是最强壮的，甚至也不是最聪明的，而是最能适应变化的。不管我们喜欢与否，我们都要承认，存在就是改变。尽管改变意味着放弃旧东西，即放弃那些让人觉得安全的东西，但是一成不变的东西其实并不安全。

**对改变持开放心态。你如何看待改变？**

琢磨以下问题，回答“是”或“否”。

| | 是 | 否 |
|---|---|---|
| • 你在不断学习，努力做到与时俱进吗？ | | |
| • 你非常了解是什么让你所在的世界不断变化吗？ | | |
| • 你知道如何让人愿意参与变革吗？ | | |
| • 你认为你具备应对变化的技能吗？ | | |
| • 你知道如何帮助人们积极面对变化吗？ | | |
| • 你知道为什么改造大都以失败告终吗？ | | |
| • 你擅长处理对未知的恐惧吗？ | | |

**如果大多数问题你都回答“是”，那么你也许能够成为一个有效的促变者。**

伍德罗·威尔逊总统曾经说："如果你想树敌，那就变革吧。"我们抵制变革，原因多种多样，从表面上觉得变革的理由不充分，到内心深处对变革持有偏见。通常，变革就要改弦易张。变革发动者承诺，未知的一旦变成已知的就会带来很多好处，进而鼓励我们走向未知。但是，只有我们真的相信，原地不动的风险远远大于走向未知的风险，我们才会主动走向未知。

我们抵制改变，很大程度上是因为社会关系。作为社会性动物，我们喜欢扎堆结群。改变就是破旧立新，包括破除旧的社会关系、建立新的社会关系，在这个过程中，我们可能失去我们所珍视的东西。出于对丧失的恐惧，我们不愿改变。

改变还会制造出我们控制不了的陌生局面。出于对失控的恐惧，我们不愿改变。另外，组织里的变革往往意味着重新划分权力。甚至，在有些情况下，变革不过是幌子，夺权才是真的。难怪变革提议容易遭到抵制，难怪人们常常反对变革。

***"人们也许愿意改变，但是怀疑自己是否有能力改变。"***

让改变显得很难的另外一个因素是，自我怀疑。人们也许愿意改变，但是怀疑自己是否有能力改变。很多变革会引入新流程、新技术或者新制度，他们也许担心，新流程、新技术、新制度带来的新要求自己能否满足，带来的新职责自己能否承担。他们担心自己能否在变革之后的组织中继续生存下去，这种担心有时是有道理的。

另外一些人则出现了变革疲劳。如果组织经历了一次又一次变革，那么有些人也许因为这一次又一次的变革让自己精疲力竭而抵制变革。他们也许并不把变革当回事，对变革无动于衷，只是静待变革的结束。看看变革的成功率，他们的态度就不难理解。

对变革需要解释不足，也会引起变革阻力。“不坏，就不要修”是一个很普遍的心态。人们需要知道哪些地方出了问题，变革会解决哪些问题，变革了会怎样不变革会怎样，否则只会看到变革会带来的麻烦，看不到变革会带来的好处。如果不拿出证据表明真的出了问题，那么号召大家“修理”就是徒劳。

为日常工作忙得焦头烂额的人，也会抵制变革。对他们而言，变革不过是又一项负担，带来了额外的工作，让资源更加紧张。对他们而言，一边继续日常工作一边实施变革计划的要求实在太高，满足不了。

另外，如果事先不征求意见，突然推出变革计划，那么也会遭遇很大变革阻力。相对于“要我变”，人们更喜欢“我要变”。相对于强加，人们更喜欢主动。让人们参与变革计划的制订，人们才会尽心地实施变革计划。

尽管很多人相信变革真的有用，每个人都能从中获益，但是也有很多人不这么认为。他们对变革持怀疑态度，甚至偏执态度。他们也许质疑变革者的动机。变革计划并不像表面看起来的那样简单吗？变革计划只是组织里的某股势力打压另外一股势力的工具吗？此外，有过组织生活经验的人知道，变革就像洗牌，有赢家也有输家。有些人的权力会变大，地位会提升，生活会变好，而有些人的权力会变小，地位会降低，生活会变差。不管原因如何，变革阻力是不可避免的，必须有所预期，加以处理。

我参与过的所有组织咨询和教练项目，几乎都受三个因素的影响：前面提过的个人心理动力、团体动力，以及此处提到的变革阻力。这里举个“简单的”例子。

某公司董事会邀请我为其经理人团队进行干预。这家公司是个私有公司，正打算从重工业化石燃料工业设备供应商转型成高科技绿色能源咨询服务提供商。为了实现转型，CEO从硅谷聘请了一位才华横溢的连续创业家任首席变革官（CIO）。然而，没过几个月，CIO所在国家与经理人团队其他成员所在国家之间爆发了战争，CIO与经理人团队其他成员关系变得紧张。我决定对经理人团队进行一次团体教练。在团体教练开始之前，我访谈了经理人团队的每个成员。经理人团队大多数成员承认，CIO确实才华横溢，提出了一些新颖又务实的想法，但是很难共事。除了CEO外，经理人团队其他成员都向我忿忿地抱怨CIO的一些不可理喻的行为：没有条理、举止粗鲁、很少回邮件、经常不提前打招呼就缺席会议。

团体教练一开始，我让团队成员做个自画像练习（第2章介绍过)。所有自画像都挂到墙上后，我开始就CIO的自画像向CIO提问题。从他的回答中，我了解到，他的祖父是个十分成功的企业家，但是他的父亲却十分平庸，干了一份接一份的低薪工作。他很喜欢他的祖父，小时候经常陪在他的祖父身边。他的祖父发现，他的父亲没有什么杰出才华，他却有。CIO告诉团队其他成员，他最看重作为创新家和企业家的那部分自我。然而，他承认，创造力是个非常脆弱的东西，所以他竭尽所能保护他所说的“灵感”。CIO的讲述十分清楚地显示，他的父亲代表他的某种“负面自我”，他在内心深处害怕自己变得像父亲一样。我可以看到，CIO所在的两个系统是冲突的。这两个系统，一个是家庭，一个是组织。CIO的家庭鼓励他毫无顾忌地发挥创造力，而他刚刚加入的组织（在他看来）正在扼杀他的创造力。他害怕了，把经理人团队其他成员视作威胁。因此，经理人团队其他成员要求他改变行为，他就是不改变。与经理人团队其他成员讨论过后，CIO意识到自己的固执让情况变得更糟了。与此同时，经理人团队其他成员更加明白怎样能让CIO发挥最大作用。CIO的思维方式、行事方式也许和他们不一样，但是和他们一样在为公司转型尽心尽力。教练式干预的结果是，CIO认识到自己不是一个人，而是属于一个团队、一个组织。他那部分出现短路，会导致组织其他部分出现问题。

CIO同意改变一些行为，以更好地与经理人团队其他成员沟通；其他成员也表示理解并支持他那个保护“灵感”的需要。几个月后进行回访，我看到CIO已经大大改变了那些行为。谈话期间，CIO跟我提到，在团体教练的激发下，他决定看心理医生。他觉得这个决定很好。心理医生帮助他探索他父亲的很多积极方面。令人惊讶的是，换个角度看他的父亲，竟然大大改善了他的精神状态。这些日子，他远远不如以前那么烦躁了；他变得更接纳自己了。精神不那么紧张后，他与团体其他成员的关系就改善了。他的精神状态变好，也有助于在组织创建新的平衡。

## 个人转变的过程

正如这个故事说明的那样，处理变革阻力意味着挑战并改变组织中的人的认识和信念。它意味着进行系统的改造。改变观念需要付出很多努力，人不会在一夜之间改变。改变还会带来很多心理影响。大规模的变革项目，特别是涉及文化变革的项目，更难管理。

让我们看看“个人转变5C”，即个人转变过程的5个要素：担忧、对质、澄清、结晶和改变。

### 担忧

***“转变的启动，通常需要一个非常强大的刺激，这个刺激的形式可能是少量的痛苦或者苦恼。”***

如果人倾向于抵制转变，那么转变是怎么启动的呢？为什么这个抵制会减弱呢？考虑到人格的相对稳定性，转变的启动，通常需要一个非常强大的刺激，这个刺激的形式可能是少量的痛苦或者苦恼。有些人明知现状有问题却不愿去改变，因为问题会带来“次级收益”，即别人的同情、关注等心理上的好处。只有当问题引起的不适超过了问题通过“次级收益”引起的快乐，人才会主动寻求改变。

激发改变的，往往是对现状的担忧。最常见的激发剂是家庭不和、健康问题、受到处罚、意外事故、孤立感、无助感、不安全感、问题行为、亲人遭遇不幸、日常争吵和挫折。在我负责的各种培训项目（或咨询项目）中，很多经理人报告说，在改变之前的那段时间往往体验了非常消极的情感（情绪），这些非常消极的情感（情绪）一般是上述激发剂引发的。它们让人意识到，不良行为模式继续保持下去会造成严重后果。这就为转折点的出现创造了条件，也就是为最终打破现状做好了准备。那些有过巨大转变的人说，发现现状越来越难维持，他们就会越来越担忧，担忧到一定程度，他们才下决心改变：他们的担忧扰乱了他们的稳态。

**对质**

***“如果有人指出‘你原来只是偶尔心情不好，怎么最近一直***

***心情不好'，那么你就再也不能否认必须做些什么了。"***

如果有人指出“你原来只是偶尔心情不好，怎么最近一直心情不好”，那么你就再也不能否认必须做些什么了。换句话说，当一次又一次偶尔的不满渐渐累积成了持续的不满，很多人就会出现一种体验，即心理治疗界所说的“啊哈”体验。出现“啊哈”体验的那一刻，他们终于弄清是怎么回事了。他们清楚地看到，时间的流逝、行为的微调，都不能改善处境——确实，如果不做什么大的改变，处境会变得更糟。

认识到需要改变，往往就会在内心里问自己：非得像现在这样吗，有没有其他可能性？就像从否认并非一切都好变得承认并非一切都好一样，他们会从觉得任何其他可能性都比现状恐怖变得能够重新评估其他可能性。他们在内心里权衡，各行动方案有哪些优劣势。

***“要采取行动，还需要某种焦点事件。”***

认识到需要改变，是改变过程必不可少的第一步；但是认识到需要改变，并非总能保证采取行动。要采取行动，还需要某种焦点事件。焦点事件是那种激发改变的事件；焦点事件不一定是重大事件——确实，激发某些人改变的往往是微不足道的小事。只有回顾起来，才会把这个小事视作里程碑或转折点。一件微不足道的小事——办公室的一次龌龊事、与孩子的一次争吵、朋友的一句无心之语——之所以成为焦点事件，不过是因为它让一个不满的人在漫长的改变之路上走出了第一步。焦点事件是促变剂，为改变提供巨大动力。焦点事件，客观上是小事，主观上是大事，因为它让人关注那些存在了很久的问题。

对质和澄清（下一小节会讨论到）的区别并不清晰，因为表面上的澄清很有可能是对质。例如，教练师、顾问或者其他促变者也许对团队某个成员说："你能否澄清一下？"这个要求，表面上是个澄清，实际上是个微妙的、间接的对质。对质伴有较多情绪，而澄清没有那么多情绪。这两个方法可能有很大范围的重叠，区别不明显。

不管是对质还是澄清，我们都需要弄清它是怎么开始的。是由当事人启动，还是由旁观者启动？旁观者可能是亲人朋友，也可能是咨询师、教练师或其他促变者。由当事人启动的对质或澄清叫作自我对质或自我澄清，由旁观者启动的对质或澄清叫作他人对质或他人澄清。自我对质或自我澄清很有可能恶化成合理化和理智化。有效的对质或澄清往往是由旁观者启动的，然后被当事人内化。

### 澄清

让当事人直面一直否认的东西后，旁观者还会让当事人重新解释生活中发生的事情，特别是重新解释焦点事件。当然，有些焦点事件，比如离婚、死亡、疾病，无论从客观上说还是从主观上说，都是大事。有些焦点事件，比如同事或上司的一句刻薄之语，或者被公司派往国外任职，相对而言是小事。不管焦点事件是大是小，只有在焦点事件出现的那一刻，我们才会采取行动。我们越来越清楚我们怎么啦、越来越清楚我们需要做什么。我们对自己的处境有了新的认识，看到了新的可能性，完全不像从前那样认命、无助、无望。我们的情绪能量从担忧过去转移到了关注现在和未来。我们觉得卸下了很大的包袱，在精神上准备好了去改变。

***“改变如此之难，即使动机再强，也很难独立实现。”***

改变如此之难，即使动机再强，也很难独立实现。要改变，就需要帮助，这个帮助可能来自亲人、朋友、咨询师或教练师。个人转变过程的第三步是公布改变意图，即在他人面前宣称自己决定做出改变。研究表明，告诉别人自己想改变，就能更努力地、更坚定地去改变。告诉别人自己想改变，其实就是表明我们已经承认我们有问题，还表明我们的防御（例如否认、投射、合理化）已经瓦解了。我们已经做好了行动准备。

公布改变意图，可能非常有用，因为这个举动可以提供两重动力：既影响自己，也影响环境。一方面，如果对别人说了自己想改变，那么不改变就会食言，食言就会丢脸，于是，为了不丢脸，就会非常卖力地去改变。另一方面，如果对别人说了自己想改变，那么别人就会鼓励、监督你去改变。例如，在一次团体干预中，有个团体成员说自己下决心不再管得过细。回到工作中，他为了证明自己说话算话，就会努力提醒自己不要管得过细。而每当他一出现管得过细的迹象，他的同事就会立即提醒他别那样。告诉别人自己想改变，说明愿意把私人问题搬到公共舞台，接受大家的评判，也接受大家的帮助。在团队教练中公布改变意图，就是表明自己愿意形成新的行为模式——远离原先那个不太理想的自我。

### 结晶

过了澄清阶段，就到达结晶阶段，即改变之路最难的一关。这个阶段，会发生认知重组。旧视角消失，新视角出现。一旦换了视角，就会看到完全不同的画面。就像著名的格式塔练习"少女还是老太"（见图7.1）一样，乍看是少女，换个角度看是老太。

图 7.1　认真重组的一个例子：少女还是老太

此画是漫画家 W.

Hill的原创，首次刊登在1915年6月6日的*Puck*日报上。

认知重组这段内心之旅，有时非常痛苦，但最终会增进自我了解，带来全新开始。在改变之路上一道道地闯关，就越来越有能力放弃过去的身份和角色，采取全新的身份和角色。弃旧立新，也许需要教练师的帮助，如果是参加团体教练，那么也许还需要团体其他成员——公布改变意图时，旁边在场的那些成员——的帮助。用一种有意义的方式重新认识所在的世界。重新评估生活的目标和意义，放弃旧目标、旧意义，接受新目标、新意义。

### 改变

说到改变，我们都容易说大话。但是，我们承诺要改变的东西，又有多少最终改变了呢？判断是否实现了改变，只看一个指标：新的行为方式。在结晶阶段，内化了新视角，只实现了内心转变。真正的改变，还要体现在行为方式的持久变化上（见图7.2）。行为方式的每一次变化，都需要加以巩固和强化，最终才能累积成持久的变化。这个过程也涉及认知重组，也就是一边改变行为一边进行反思，不断重新定义自我，最后彻底再造自我。

## 组织变革的过程

在很多组织心理学家看来，组织变革植根于个人转变。他们的理由是，组织是由人组成的，人变了组织才会变。

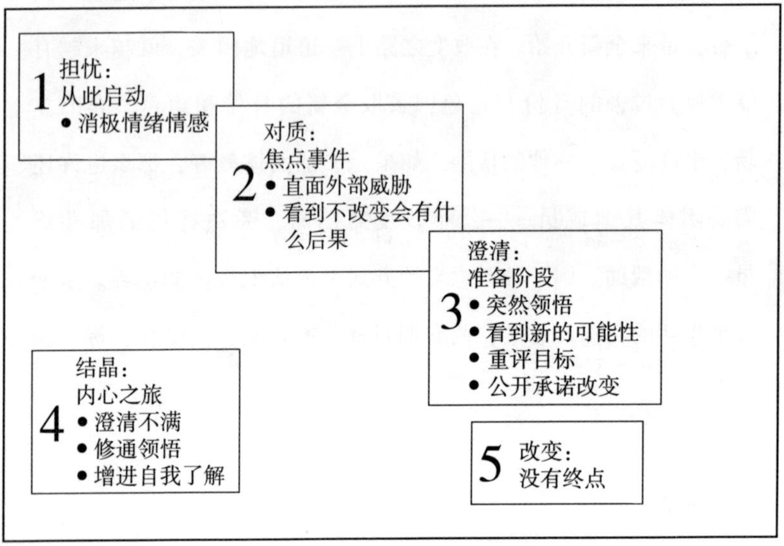


图 7.2　个人转变的过程

行业日趋成熟、竞争日益激烈、陷入财务困境、遭遇经济危机、股东与其他利益相关者期望相左，都意味着管理层和董事需要修订组织的战略规划。然而，尽管变革需要十分明显，变革仍会遭到抵制，因为人们知道变革会把人带向未知。有些抵制是无意识的，这些无意识的抵制具有微妙而强大的破坏作用，甚至会导致自我毁灭之举。只有不满的强度超过了抵制的强度，组织才能变革。

**组织变革和个人转变**

- 你最担心哪些变化会影响到你的工作和前途？
- 为了应对这些变化，有什么事情是你不得不做又害怕去做的？
- 如果你斗胆不做，那么这些变化会对你造成什么后果？
- 如果你大胆做了，那么这些变化会给你带来什么机会？

**思考这些问题，问问自己什么是最佳选择。**

我的变革模型（如图 7.3 所示），可以用于指导管理层（和促变者）通过发动全员参与来克服变革阻力。高级经理人在组织变革中的作用是，以身作则灌输新理念、塑造新行为，确保变化巩固下来成为组织文化的一部分。领导者要是能根据组织的能力制定一个长期战略，那就对组织做出了巨大贡献。

***“为了让人们参与变革，必须在晓之以理之外动之以情；换句话说，既要赢取他们的脑，也要赢取他们的心。”***

因为很多变革阻力在本质上是情绪方面的，所以促变者（包括教练师和顾问）必须让那些在情绪上反对变革的人认识到变革可能带来哪些好处。然而，仅仅认识到变革的好处，还不足以让人们做

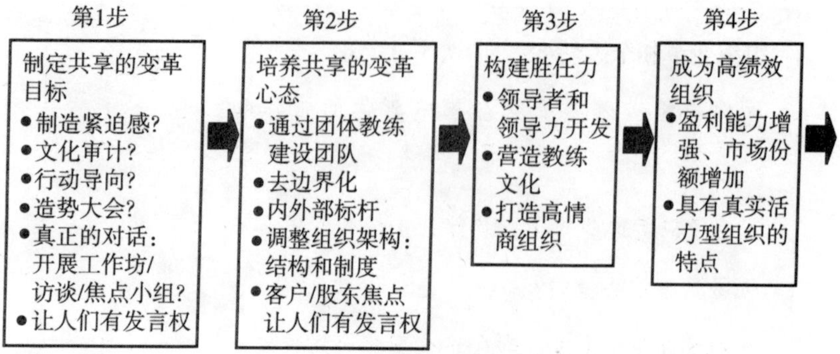


图 7.3　组织变革的过程

好变革的准备。为了让人们参与变革，必须在晓之以理之外动之以情；换句话说，既要赢取他们的脑，也要赢取他们的心。

纳尔逊·曼德拉说，“教育是改变世界的最佳利器”，但是教育人们认识到变革的好处是要花时间的。公司也许一直在漂，没有方向，很多员工眼睁睁地看着局势越来越差却无能为力。现在是时候让他们发表意见了，是时候让他们觉得他们可以为改变局势做出贡献了。

最后，让我用一个故事结束本章。这个故事讲的是六只猴子和一串香蕉，可以很好地说明什么是学习和不学习，显规则如何变成潜规则。

从前，一个笼子里住了六只猴子。一天，它们发现笼子中央竖了一把梯子，梯子顶端用绳子绑着一串诱人的香蕉。一只猴子立即爬梯子，取香蕉。但是，它刚够到香蕉，就被泼了冰水，冰水还溅到其他猴子身上。只要有猴子爬梯子取香蕉就会发生这种事情。很快，每个猴子都会留意是否有猴子去爬梯子。如果有猴子去爬梯子，其余猴子就会加以阻止。什么也诱惑不了它们去爬梯子，即使香蕉放低了，更容易够着了。六只猴子躲得远远的，才不想洗冰水澡。

然后，一天，笼子里新来了一只猴子。它看到了香蕉，要去爬梯子。看到它要去爬梯子，其他猴子胖揍了它一顿。它迅速发现，香蕉是禁忌。随着时间的过去，越来越多的猴子加入了笼子。每只新来的猴子都学到了那一课：香蕉碰不得。每当新来的猴子想爬梯子，就会遭到其他猴子的攻击。一般而言，比它早进来没几天的猴子对它惩罚得最严重。

猴子们忙着惩罚彼此，没有注意到：尽管不断有新猴子加入，但是笼子里的猴子总数实际上一直没变。加入一只新猴子，就换走一只老猴子。没过多久，笼子里最初的六只猴子都换走了。尽管笼子里现有的六只猴子都没淋过冰水，但是仍然没有猴子敢爬梯子。无视香蕉就这样变成了人生不可避免的残酷现实。如果猴子会说话，那么问它们为什么不去碰香蕉，它们一定会说：“哦，我其实不知道——在这里就是要这样。”正如我们所有人都可能遭遇的一样，猴子把现有的行事方式视作理所当然，看不到其他可能性。它们被组织社会化了，融入了组织文化，也被组织文化束缚了。

# 第 8 章　做个有效的促变者

唯上智与下愚不移。

——孔子

如果我们想改变孩子身上的某样东西，那么我们应该首先看看，这样东西是不是我们身上也有，但一直改变不了。

——卡尔·荣格

不接受万物皆变的事实，就不可能完全沉静下来。尽管这是真的，但是我们很难接受。因为我们无法接受人生无常的事实。

——铃木俊隆

不预设目的之人肯定会达到其目的地。

——弗洛里安·霍特曼

公元前 333 年，只有 23 岁的亚历山大大帝入侵小亚细亚，到达其中部山区城市戈尔迪乌姆。他从没打过败仗，但也没获得决定性胜利。他需要一个征兆，让他的军队和他的敌人相信：他能够完成他的使命——征服世界。

戈尔迪乌姆有座宙斯神庙，庙内有辆战车，这辆战车是弗里几亚国王戈尔迪 100 多年前放在那里的。戈尔迪把战车的车轭和车辕用绳子绑了起来，打了一个极其复杂的结。根据传说，谁能解开这个结，谁就能征服亚洲。很多人来到戈尔迪乌姆解这个结，但是都失败了。

雄心勃勃、年少气盛的亚历山大大帝既然来到了戈尔迪乌姆，就不可能不去解戈尔迪之结。他花了几分钟没有找到绳头，就失去了耐心。当时，他还带着一群将领看他解结。他问他的预言家亚里斯坦德："我用什么方法都可以吧？"亚里斯坦德无话可说。最后，亚历山大大帝拔出了剑，斩断了结。

亚历山大大帝后来确实征服了亚洲（当时的人们对世界的认识，只有那么远），实现了戈尔迪之结的预言。自那以后，"斩断戈尔迪之结"就指用大胆行动解决复杂问题。这个任务现在落到了像团体教练师那样的促变者头上。成功的经理人很难开口求人帮助自己改变。尽管"变革"是董事会、高级经理人团队或者其他任何管理团队的常用口号，但是改造组织是项特别艰巨的任务。变革过程中容易出现僵局，有效的促变者懂得怎样以自己为工具来应对僵局。他们可以帮助制造转折点——扰乱现有的稳态，建立全新的稳态。像亚历山大大帝斩断戈尔迪之结一样，他们必须采用独创方法理顺团体过程，他们必须采取大胆行动帮助团队进步。为此，他们需要从坚定中汲取勇气——透彻了解自己的角色和责任。

## 看看促变者的世界

***“领导力团体教练不适合胆小鬼做。”***

正如我已经暗示过的那样，选择以团体教练形式做干预的促变者需要明白，这个技术不适合胆小鬼。团体教练对促变者有很多要求。他们需要掌握很多东西。他们要快，因为也许只有一天时间与来访者相处，让来访者发生变化；这一点不像一对一的干预——可以与来访者接触很多次。他们应该能够运用临床视角，把当前问题与过去经历联系起来。另外，他们需要非常了解来访者的商业背景。

在团体教练全过程中，教练师需要保持淡漠和中立的态度，这样才能成为团体所有成员的知己。教练师需要找出团体成员的表面问题，还需要有能力挖掘团体成员的深层问题。教练师需要当心因过度关注团体成员的某个问题而忽略了团体成员的其他问题。教练师需要以解决组织的问题为目标关注团体成员的个人问题，而且不能太过关注单独某个团体成员。

面对成员像刺猬一样都在磕磕碰碰中寻找最佳距离的团体，教练师必须做一个选择：是一次只关注一个成员？还是关注整个团体？或者两者兼顾？这个选择并不好做。有些教练师选择一次只关注一个成员，但是这样做就不可避免地把其他成员晾在一边，同时不可避免地忽视房间里的某些“大象”。要做真正有效的促变者，领导力教练师必须既关注“部分”也关注“整体”，不断在个体层面和团体层面来回切换。

团体过程是错综复杂、神秘多变的，进行团体教练，不能过早对问题定性，而是要暂时搁置不确定之处、神秘之处和存疑之处，以及这些东西引起的焦虑。从这个层面说，团体教练师需要具备“消极能力”。

**团体教练的要点**

- 把焦点放在情绪上
- 探索团体成员避而不谈的想法和感受
- 确认重复出现的主题和模式
- 从发展角度看问题
- 讨论过去的经历
- 把焦点放在人际关系上
- 关注移情问题
- 探索愿望、幻想和梦

作为促变者，团体教练师面临的挑战是：给来访者传授一套自我管理技能、人际关系技能、团队合作技能和领导技能，让来访者能够帮助自己和他人增强责任感、主动性和行动力。在整合心理动力学视角和系统学视角的基础上，教练师还有个教育功能：让组织成员明白，在理性—结构意识之外还有一层潜意识，事情远不像表面看起来那样简单。他们必须创造一个安全的过渡空间，让团体成员能够用建设性方式沟通，能够“玩耍”，变得更具创造力。团体教练师搭建舞台、树立榜样、传授技能，让团体成员能够进行我所说的大胆对话。在团体教练中，人们会体验到大胆对话是如何斩断戈尔迪之结的。让团体成员学会大胆对话，是团体教练的一个关键目标，因为这个技能要是应用到组织就可为变革奠定基础。

## 在团体教练里创造过渡空间

进行团体教练式干预，就像打造治疗社区。我之所以这样类比，是因为治疗社区的特点是，用团体方式解决个人问题，具体而言就是依靠同伴团体的内部互动来帮助团体成员面对各自的心理问题并承诺改变生活方式。治疗社区的运营，由社区居民和工作人员共同负责。

### 治疗社区

治疗社区构成了一个小社会，社区居民和工作人员承担不同的角色、遵守清晰的规则，这些角色和规则都是为了促进社区居民的心理健康。这是一个安全的环境，有着清晰的边界和期望，社区居民有机会在团体治疗背景下（在其他社区居民和工作人员的帮助下）重演自己的问题，接受自己的过去。治疗社区不仅整合了团体心理治疗和心理动力干预，而且提供个性化体验来唤醒沉睡的创造力和社交力。

治疗社区的本质要素是，设置行为边界、建立奖惩制度、利用角色榜样。其效果依赖于各种各样的促变者，包括家人、同伴（病友）和工作人员等。治疗社区就是一种治疗剂，它宣扬自助和互助，用规则、结构和原型促使社区居民选择更为社会接受的健康生活方式。

治疗社区让社区居民明白，他们必须掌控自己的人生。那里的箴言是，“你必须亲自做，但你不能独自做”。治疗社区期望社区居民积极参与自己的治疗，也参与别人的治疗。就像在团体教练中一样，同伴影响起核心作用。治疗社区是个颇具效果的治疗方式，其目标是完全改变生活方式，消除反社会态度和反社会行为。不足为奇的是，治疗社区因成功康复率高和病人满意度高而闻名于世。

治疗社区应用的原理，有些也应用在了成功的团体教练式干预中。就像在治疗社区一样，人际学习是个重要的促变工具。团体成员学习利用同伴观察多多了解自己、改变生活方式、提高生活平衡度。改变尽管关键靠自助，但是也利用他助，具体而言就是其他成员或教练师的对质。

像治疗社区一样，团体教练鼓励团体成员大胆地探索自己和他人。在两种干预方式中，自我反思都很关键。团体教练中的“热椅子”练习有点像治疗社区常见的“忏悔仪式”（即公开承认自己的缺点）。敞开心扉，不管出于什么原因，都有宣泄效果，只要听众尊重地倾听。另外，（像治疗社区一样）团体教练通常有“爱的轰炸”，即毫无保留地热情接纳。包容也起着重要作用。

***“同伴压力总把意见和建议转化成促变剂。”***

正如我暗示过的那样，在治疗社区或团体教练中，同伴压力总把意见和建议转化成促变剂。同伴可以通过劝说，让一个人渴望为自己的人生负责。重要的是，同伴经常从不同角度诠释一个人的痛苦经历——帮助这个人进行情绪和认知上的重构，创造新的现实。一般而言，不管使用什么结构，从团体视角看我们自己的行为，可能是颇具疗效的体验。同伴压力对制造真正的转折点有重要作用。

当然，信任是必不可少的，那句古老的希波克拉底誓言“不要造成任何伤害”需要着重强调。随着干预的展开，在教练师的帮助下，团体成员之间会形成基本的信任——有了基本的信任，才能敞开心扉、互相学习。一般而言，我更喜欢那种包含几个模块的干预，因为在这样的干预中，团体成员有机会在每个模块结束后在日常工作生活中巩固学到的东西并在下个模块就巩固结果得到点评。与高度集中的一次式干预相比，这样的干预远远更有可能让经理人产生持久的变化。

## 玩耍空间

为了形成基本的信任，为了给互相学习、探索尝试提供场地，教练师需要创建一种“过渡空间”。对经理人而言，这个过渡空间指，一段专门用于反思（不谈公事）的时间。要让过渡空间产生最大效果，必须选择舒适但中性（远离职场纷争）的物理环境作为反思地点。

更重要的是，过渡空间是比喻说法，更侧重精神层面。在过渡空间，我们可以处理内在世界与外在世界之间的冲突。内在世界是虚幻的，指内心的思维、幻想、感受、恐惧。外在世界是真实的，指所在的组织和社会。团体教练能够提供过渡空间，让人可以在这两个世界自如地穿梭和探索。过渡空间可以比作一块位于内在世界与外在世界交界处的场地，我们可以在这块场地暂时尝试新的行为方式和思考方式。在过渡空间，团队成员可以“在自我的协助下退化”，暂时抛却人生烦恼，充电、戏耍、探索、尝试，找到新的生活方式。

从概念上说，过渡空间最初形成于婴儿与母亲之间的互动。在婴儿最初的几个月，母亲如能给予婴儿及时且有效的回应，就能帮助婴儿确立全能感，也就是婴儿会认为自己能控制一切。最初就是控制妈妈的乳房，我饿了，乳房就来了。逐渐地，婴儿发现乳房不会我一饿就来了，那婴儿要如何才能接受自己并不是全能的呢？这就需要一个过渡空间，这个空间充满幻想、错觉和想象，婴儿可以通过幻想的方式来处理现实带来的焦虑。慢慢地，婴儿就能接受现实是不为自己控制的，逐渐去除幻想，发展出现实检验能力。在儿童成长过程中，过渡空间非常重要。在过渡空间，儿童可以暂时抛却外在世界的规则和限制，用已知的东西做游戏，进而了解更多的东西，然后把新学到的东西应用在新的游戏中，如此循环下去，渐渐扩展自己的体验，实现心理上的发展。

过渡空间不仅有利于儿童的发展，也有利于成人的发展。成人可以重新学习如何在过渡空间里玩耍。进行团体教练，教练师可以制造一个类似的过渡空间，让团体成员可以自由自在地玩耍。通过玩耍，团体成员可以探索内在世界的那些东西，获得新的体验、形成新的观念，最后应用到外在世界。这对组织里的创新活动非常有利。另外，创造过渡空间，让团队成员玩耍，是很有效的干预技术。玩耍比干巴巴的讨论更能吸引团体成员参与进去，让团体成员能够像孩子一样探索自己的思考、感受和行为模式，进而了解自己是个什么样的人。

## 安全空间

***“如果有个安全空间，那么人们就更有可能进行自我表露，更愿意学习新的思考、感受和行为方式。”***

有效的促变者（特别是团体教练师）明白，团体成员如果不完全相信自己在团体活动中说的话是保密的，不会对自己在组织里的工作和前途造成不良影响，那就不可能完全投入到团体活动中。有效的促变者会付出很大努力为团体成员营造一个安全的、支持的、温暖的、中立的氛围。有效的促变者会努力制造一个比正式的组织结构更安全的空间，让团体成员（自由地）讨论在正式的组织结构中不会讨论（至少不会自由讨论）的话题。如果有个安全空间，那么人们就更有可能进行自我表露，更愿意学习新的思考、感受和行为方式。

创建一个让人能够自由表达意见的安全空间，就有利于建立人际信任，促进互助互惠。团体成员如果要冒险进一步探索内在世界和外在世界，就必须相互支持，相互接纳。如果没有信任，团队成员就不可能坦诚。但是，有了足够的信任，团体成员就愿意建设性地解决冲突，下决心做出改变，更有可能为自己的决定负责。

就自我表露而言，像教练师那样的促变者不该从不谈论自己，也不该过多谈论自己。教练师自我表露什么东西到什么程度，取决于对团体成员参与互动，获得领悟有多大帮助。

安全的过渡空间，有点像捕梦网——团体成员探索自己和他人的自我，让旧的、不好的思考、感受和行为方式溜走，让新的、好的思考、感受和行为方式留下。

## 捕梦网

在捕梦网中，我们还可以看到与团体作为整体有关的材料。团体作为整体是内在现实与外在现实之间的另外一个接口。捕梦网储存着很多团体成员的未完成事件，变成了一个幻想和假想的世界，成了那些需要不断得到关注的团体成员的游乐场。聪明的团体教练师会充分利用这个游乐场，在恰当的时候做“云”观察。这样的干预对打破僵局、推动进展非常有用。例如，如果团体教练师感觉到团体成员之间的讨论冷场了，或者跑题了，就可以用一种柔和的方式表达一个感受：没有进展，是不是与房间里的“大象”——那些触目惊心地存在却被明目张胆地忽略的未完成事件——有关。这样的干预可以鼓励团体某个或某些成员想到办法打破僵局，直面房间里的“大象”。

## 沟通：用第三只耳朵倾听

在心理治疗中，用第三只耳朵倾听指不仅听嘴里说出来的话，还要听嘴里**没说出来的**话。它启动倾听者的直觉和情商，来捕捉潜意识层面的东西。类似地，当团体成员坐在热椅子上，讲述自己的人生故事，教练师的角色就是从各种各样的对话里捕捉关键点和巅峰时刻，提问题、做假设，把对话推向更有意义的水平。教练师还鼓励其他团体成员密切关注教练师与热椅子上的团体成员之间的对话。用第三只耳朵倾听，教练师还让团体成员留意对话中哪些领域需要进一步开垦，以提问题、做假设。话题也许包括对话的心情（快乐、惊喜、反思、悲伤、敬畏、害怕、烦躁、愤怒、无聊、厌恶等），心情与话题之间的关系，等等。教练师还需要关注团体成员的一般情绪状态，对他们的移情反应保持清醒认识。

***“他们应该能够在恰当的时候谈论房间里的‘大象’，也应该知道何时紧闭嘴巴。”***

另外，像团体教练师那样的促变者很有影响力，所以他们应该注意什么该说、什么不该说。他们需要不断反思自己知道了什么、还不知道什么——需要进一步知道什么。团体教练师还必须能够感知各种各样的信息，不管是公开的还是隐秘的，不管是言语的还是非言语的。他们应该能够在恰当的时候谈论房间里的“大象”，也应该知道何时紧闭嘴巴。

***“团体教练师应该趁冷打铁。”***

团体教练师应该“趁冷打铁”。处于热状态，即情绪十分激动时，人们很难听进别人的话。任何一刻，团体成员内心、团体成员之间、团体作为整体都有激烈的暗流涌动。要想对这些动力保持清醒意识，教练师就要在理论和实践上深入了解团体动力和团体发展，还要对个体和团体都有很多经验。然而，只有教练师能够认真倾听，弄清哪些问题是真正重要的，什么时候是关注那些问题的恰当时机，这个清醒意识才有用。

## 情绪阴阳

要做到最有效，团体教练师的首要关注点应该是情绪（情感），而不一定是认知（理智）。最重要的学习发生在情绪层面。这意味着，向某个团体成员指出某个事实时，要让这个团体成员在情绪层面有所触动。例如，在第 7 章介绍过的那个团体教练案例中，我选了一个时机对 CIO 说："大家在告诉你，你必须改变你对开会的态度。你如果答应开会，就必须到场。"然后，我对 CFO 说："你想让 CIO 做你的上司吗？"听我这么说，CFO 显然很激动。他说："绝不，他太没条理，他的乱七八糟，我可吃不消。"CFO 的这些话触动了 CIO。片刻过后，我问 CIO 听了这些话有何感受。他回答说："尴尬。我不知道大家是那样看我的。我并不喜欢听人说不想为我工作。"他继续说，他会努力向同事证明自己是个值得共事的人，同意参加的会议，绝不缺席。他还一边尴尬地笑着一边说，他还会努力做到按时到场。

正如这个例子说明的那样，要想让团体成员看到行为改变的可能性，要想给团体成员改变行为找到动力，教练师需要晓之以理，动之以情。不仅要让人们认识到过去未解决的感受和需要影响到了现在的工作和生活，而且要让人们再次体验过去未解决的感受和需要。这样做，更有助于人们放弃旧的行为模式，习得新的行为模式。

## 阻抗柔道

像团体教练师那样的促变者，还需要能够处理团体教练过程中的人际问题，因为团体成员很有可能在团体教练过程的这个或那个阶段展现不良行为，引起人际问题。每个成员都有可能把自己个人的内心冲突带到团体。教练师需要指出来这一点，以防止人际问题恶化。另外，冲突会引起焦虑。如果焦虑是普遍的，就很有可能出现社会防御。教练师需要对社会防御保持警惕，想办法让团体用更具建设性的方式包容焦虑。这也许可以比作“阻抗柔道”：以刚克柔地瓦解阻抗。说到这，我想起了一个苏非故事。

从前，一帮土匪攻占了一个苏非村庄。土匪头子把村庄主事者们召集到一起，威胁他们说：“除非你们能告诉我什么能让我转喜为悲，什么能让我转悲为喜，否则所有村民明天早上都会成为刀下鬼。”

为了破解土匪头子的刁难，村民们点了很大一堆篝火，其中比较聪明的人整夜坐在火边激烈地讨论“什么能让一个人转喜为悲，什么能让一个人转悲为喜”。

太阳很早就升起来了，土匪头子进入村庄，走向那群围在即将熄灭的篝火旁边的聪明人，问：“你们找到答案了吗?”

一个长者把手探入口袋，拿出一个金戒指，递给土匪头子。土匪头子生气了。“我的金子已经够多了!”他喊道，“这个戒指真能让我转悲为喜、转喜为悲?”“大人，”那个长者说，“请仔细看看这个戒指。”土匪头子把戒指拿近了一些，看到戒指里面刻了一圈字，“这也会逝去”。

苏非戒指刻字不仅告诉我们万物皆无常，而且告诉我们情绪容器非常重要。我们可以把情绪容器想象成一个空间——一个物理或心理上的空间。在这个空间，我们可以面对我们的恐惧和焦虑，冷静下来，恢复正常。

碰到那种特别难处理的团体成员，像团体教练师那样的促变者必须积极采取措施减轻那个团体成员的不被接受感、被拒感甚至被害感。给予理解，给予关注，能够大大减轻这些消极感受。与团队其他成员建立工作联盟，也是非常关键的。积极重构令人不快的反馈意见，是个需要创造力的任务。教练师应该指出团体成员的相似之处，进而让团体成员互相关爱。这有利于增强凝聚力和归属感，减轻疏离感。在这个过程中，教练师可以以身示范。

难处理的团队成员，需要机会暴露并改正自己人格的阴暗面，甚至需要教练师制造一个假象：团体作为整体（包括教练师）是无所不能的，在必要的时候能够“挽救”自己。渐渐地，随着其人格的阴暗面暴露出来并被人理解、被人容忍，他们会像婴儿一样克服无助感，不再需要团体作为整体的保护。

一次高绩效团体教练陷入僵局。一个团体成员，明显觉得无聊，一直盯着窗户外面。另外一个团体成员，似乎也心不在焉，偷偷摸摸玩着苹果手机。与此同时，大家对那个坐在热椅子上的团体成员的360度反馈报告的讨论十分敷衍。显然，这个时候非常有必要做个“云”观察。

在“云”观察的前一天，我与CEO约翰一起吃晚饭。其间，他告诉我，前一周他一直在就公司出售事宜与人谈判。他说，经理人团队其他成员知道他在谈判，但是不知道谈判结果。他们还知道，如果公司出售了，那么他最有可能离开公司，去当地一所大学教书——他很喜欢教书。

了解到这一点后，我怀疑：经理人团队其他成员担心被颇具魅力的强大领导者抛弃，这种担心可能会让团队建设偏离正轨。他们关心如果约翰离开了那么谁来照顾他们的依赖需要？考虑到团体教练陷入僵局，我觉得是时候做个“云”观察了。

我对团体成员说：“我好像觉得我们卡住了。我们在原地打转有一段时间了。我并不觉得我们给莱昂内尔（热椅子上的人）增加了多少价值。我想问：为什么？也许我们应该拿出一些时间，想想这个房间这个时刻正在发生什么事情。我怀疑你们当中有些人正在考虑一些牵扯面更大的事情，像是否可能卖掉公司——卖掉公司对你们来说意味着什么？如果约翰离开了，你们每个人会有何体验？”

这段话给这个房间重新注入了能量。几个团体成员（并没提出可靠证据地）说，他们觉得卖掉公司是个馊主意，是个错误。特别是，有个团体成员一而再再而三地说，这就像背叛员工。我想知道他在说谁。另外一个经理人则一直在絮絮叨叨约翰离开了会怎样。根据他的说法，这会让经理人团队解散。没有约翰，他们怎能往前走？之后，他们就这个话题进行了一场非常有意义的讨论（该环节结束后，讨论还没停），然后就莱昂内尔的问题进行了讨论。

正如这个例子说明的那样，当整团动力看起来不利于教练过程，像团体教练师那样的促变者可以帮助成员用语言表达是什么在困扰他们。在前面那个例子，我谈到了房间里的“大象”，即团体其他成员觉得 CEO 会抛弃他们，担心没有 CEO 他们还能否管好公司。CEO 有可能离开，这造成团体其他成员集中爆发了依赖幻想。我把漂浮在云中的东西化成了言语。

## 用语言表达

***“语言是翻译团体动力、诠释团体过程的媒介。”***

语言是翻译团体动力、诠释团体过程的媒介。不在意识层面用语言表达出来，团队成员就容易在古怪的潜意识力量的驱动下出现不恰当的行为。“表演”（即用行动表现出来），往往会妨碍教练师对团体过程的诠释，同时妨碍团队成员把诠释的内化。有些人更喜欢表演，而不是回忆和反思。

用语言表达是个很强大的工具。语言的目的是在可见的与不可见的之间、意识与潜意识之间架起一座桥梁。处理团体作为整体的问题，给这个层面的现象命名，是看不见的潜意识力量去神秘化、去作用化的第一步。

***“否认、拒绝、回避等防御就是一部分人类状况。”***

然而，团体内人际冲突的本质并不容易确定，因为作为人类的我们天生擅长放迷雾。否认、拒绝、回避等防御就是一部分人类状况。尽管整团动力既能放迷雾又能当镜子，但是团体教练师需要能够监控团体的焦虑水平，每当发现焦虑水平变得过高，就进行温和的对质。团体的焦虑需要得到关注、澄清和定义。

因为团体成员的“表演”，所以教练师有时必须充当裁判，为团体成员设置边界。团体教练师的角色是，引导团体过程，帮助塑造最有利于干预发挥效果的团体规范。教练师必须确保团体成员举止彬彬有礼。如果团体是由来自同一组织的一群人构成的，那么教练师还需要深入了解组织的文化、相关的亚文化以及一般商业背景。

总而言之，教练师需要控制团体氛围：减少破坏行为，增强凝聚力，打造一个有利于培养人际信任的过渡空间。有效的教练师会鼓励团体成员把内心冲突以及与之相伴的情绪用语言表达出来，而不是用行动表演出来。有效的教练师会让团体变得更能容忍团体内人际冲突的狂飙突进①——他们会让团体成员认识到：冲突不一定具有破坏性，冲突可以和平地解决。

## 大胆对话

在团体教练中能学到并带走的重要启示之一是：见识我所说的“大胆对话”的威力。这类对话很少见，所以我强调：在团体教练式干预期间让团体成员进行大胆对话，并鼓励团体成员思考如何回到所在组织进行大胆对话。

大胆对话是不太愉快的（尽管可以加以积极重构），但是，为了让组织中的人改掉恶习，取得进步，教练师非常有必要让他们进行大胆对话。大胆对话：一方有所准备，无所畏惧地用建设性方法坦陈自己的想法和感受，另外一方不予以评判而是用建设性方法予以回应。强调一下，大胆对话应该是建设性的，绝不

① 狂飙突进，象征着一种力量，含有摧枯拉朽之意。它得名于德国剧作家克林格尔在 1776 年出版的一部同名悲剧《狂飙突进》。此剧宣扬反抗精神，剧中的青年主人公维尔德这样说：“让我们发狂大闹，使感情冲动，好像狂风中屋顶上的风标”。——译者注

伤人。

开诚布公地沟通，对打造高绩效团队和高绩效组织文化非常重要。在最佳工作之地，大胆对话是职场DNA的一部分。组织越复杂，不大胆对话造成的不良后果就越严重；如果产生隔阂，人们就不能富有成效地合作。

信任是组织生活的主要维度，是大胆对话的胶水。但是，信任不是凭空出现的。信任的建立，是很费时间的。讽刺的是，参加团体教练的人，如果之前进行过大胆对话（不管自己是提出意见的一方还是接受意见的一方），那就不必参加团体教练了。因此，团体教练式干预不仅是促变的场地，而且是学习并尝试大胆对话的场地。

***“大胆对话要求我们对一般情况下我们不会说的人说我们一般情况下不会说的事。”***

大胆对话要求我们对一般情况下我们不会说的人说我们一般情况下不会说的事。这样的对话需要勇气，这个勇气可以帮助我们解决人际冲突。如果我们在工作情境和非工作情境中尝试大胆对话，那么我们也许能让交往对象的行为变得更能让人接受。如果我们不愿或不能进行大胆对话，那么我们也许会让人际关系恶化，还会殃及第三方。

但是，就敏感话题提意见可能非常有挑战性。我们大多数人不愿处理棘手问题，不喜欢与人对质。我们天生喜欢逃避，但是正如我们失望地发现的那样，逃避最多只能暂时地解决问题。棘手问题，不去处理，任其发展，就会变成团队或组织身上的毒瘤——毒瘤终有一天会溃烂，到时候就挽救不了了。

**你在进行大胆对话吗？**

用“是”或“否”回答下列问题。

- 你有所准备，无所畏惧地坦陈你对组织中其他人的想法和感受吗？
- 你愿意就其他人的工作提不好听的意见吗？
- 你准备好处理“房间里的大象”并不怕造成不良影响吗？
- 其他人大都回避的绩效话题，你会直言不讳地发表意见吗？
- 你心理强大到足以就敏感话题对上司提意见吗？
- 你准备好进行大胆对话以更好地了解你自己吗？

**如果大多数问题你都回答“是”，那么你已经做好了大胆对话的准备。**

确实，仅仅是提出意见就极具减压作用，更别提找到解决方案了。大胆对话可能成为一个转折点，之后工作关系会朝良性方向发展。我们不该忘记，对话的质量反映了关系的质量和工作的有效性。大胆对话，是在正确的时间给正确的人传递正确信息的一个非常有效的方法。

大胆对话还可以增加看问题的角度。大胆对话代表有机会探讨，如果不改变，那么未来会怎样。如果围绕这个话题的对话是真诚的、建设性的，那么对话双方就会更加信任彼此。通过换位思考，我们就更容易理解他人。我们好像总是难以理解：为什么别人的想法就是跟我们不一样呢？但是，如果我们有同理心，会共情，那么我们就能深入了解复杂问题，为采取下步行动扫清障碍。我们可以与他人一起探讨，怎样去实现更美好的未来。这样，遇到逆境，我们就更有信心、更有韧性。

通过大胆对话，团体才能处理那些必须处理的不可讨论之事。用行动而非言语表现隐藏的情绪或冲突，可能会造成严重问题。团体如果仍然存在不可讨论之事，那就很难取得进展。如果隐秘的心理力量没有得到恰当的处理，那么团体可能只能受这些隐秘力量的支配。如果团体盛行的情绪没有得到恰当的处理，那么团体可能存活不了多长时间。团体可以讨论团体盛行的情绪对团体此时此刻的互动的影响，还可以讨论有哪些因素会妨碍组织中的大胆对话。

## 各种促变力量

希望是非常强大的力量，为了让团体成员生出希望，教练师可以向团体成员指出，他们现在面临的问题，他们的同事已经成功克服了。看见别人成功解决了问题，他们自己就会更有信心解决问题。为了增强团队有效性，教练师可以突出某个成员的成绩、整个团队的进展。

**领导力团体教练：各种促进因素**

**以下陈述，有多少对你而言是“真的”？**

**作为一位教练师：**

- 我把重点放在制造希望上。
- 我让团体成员明白，自己遇到的问题，其他很多人也有。
- 我有时就个人问题和组织问题给出指导意见。
- 我希望团体成员互相帮助。
- 我有时指出，某些非理性行为模式也许与原生家庭有关。
- 我努力促进团体内的人际学习。
- 我非常相信镜像和相互认同的威力。

- 我知道，在恰当的时候宣泄一下，可能带来很大好处。
- 我努力培养团体成员的归属感。

**如果大多数陈述对你而言是真的，那么作为一位教练师，你非常了解促进个人转变的各种力量。**

通过团体干预，团体成员认识到，自己遇到的问题，其他很多人也有。他们很快弄清了，大家都在同一条船上，不同人的问题有很大的共性，自己的体验与别人的体验没有多大的不同。这个认识有很强的安慰作用，能帮助我们坦然面对不幸的事情，考虑到我们总是以为自己是独一无二的，连自己的痛苦都是独一无二的。把内心世界分享给他人，接纳他人的内心世界，有很大的积极作用。它会制造一个信任—自表—共情—接纳的良性循环。

所以指出问题的普遍性，不仅有助于团体成员客观看待问题，还有助于增强团体的凝聚力。认识到问题的普遍性后，团体成员就会更强烈地觉得自己是团体的一分子，归属感和被接纳感就会增强。自己尽管有这样那样的缺点，但是在别人眼中仍然是够好的，这种感觉真棒！互相分享内心世界还有另外一个积极作用，减轻孤独感。可以预料的是，考虑到团体成员对彼此投入了很多，他们会想方设法留住归属感——愿意付出很大努力维持这些情感连接。

团体教练可以提供机会让人体验人与人在思考、感受和行动方式上的差异。教练师最好让团体成员自己去探索、去发现，但是也可以偶尔就一些问题直接提建议。这样做可以帮助团体成员减轻焦虑，获得些许控制感。

不仅教练师可以提建议，其他团队成员也可以提建议。他们可以就如何与某个难相处的同事相处提各种各样的建议，也可以就如何处理某件棘手的事情提各种各样的建议。在团体教练中可以分享的信息有心理方面的困扰和身体方面的疾病，以及实现工作-生活平衡的小窍门。所有这些活动都能让团队运行得更好。

另外一个积极力量是利他主义，也就是把他人的需要置于自己的需要之上。讽刺的是，为了助人而助人，即不求回报地帮助别人，其实也是有“私心”的。助人行为会给助人者本人带来很多好处。第一，能够帮人脱困，自己也会感觉良好。第二，助人行为与健康、幸福和长寿之间好像存在相关。帮助他人有治疗作用，增强我们的自尊感和幸福感。能够给人提供支持、安慰、意见和建议等有价值的东西，是个鼓舞人心的体验。此外，利他主义会促进相互信任，因为我们一般会相信帮助过自己的人。

人际学习，对提高整个团队和单个成员的有效性非常重要。

团体成员之间的大胆对话，可能极有启发作用。处在队友那个位置，十分有利于指出不良行为模式，帮助克服不良行为模式。团体成员还可以互相给予积极评价，帮助彼此提高自尊感。

人际学习还有利于检测并纠正扭曲的自我认识，还有助于找到新的解决方案，进行一定程度的行为矫正。总有一些团体成员在逆境面前的表现令我们敬佩，我们可以以他们为榜样，向他们学习。模仿，或者认同，是人际学习的一个重要部分，也是促变力量的一个重要部分。认同指认可并呈现另外一个人或另外一个团体的品质、特点。需要提醒的是，认同不一定是有意识的。

团体干预，也为宣泄提供出口。对某些人来说，加入团体就有机会释放压抑的情绪。把那些困扰我们的东西表达出来，而不是固执地埋在心底，可能非常有用。团体教练师和其他团体成员尊重地倾听这些讲述，恰当地包容这些情绪，对有效的宣泄非常重要。

宣泄，也是一种练习如何表达自己感受的方式。然而，宣泄本身并非一定有良好作用，有时甚至有破坏作用，特别是在错误的时间、错误的场合进行宣泄。然而，在正确的时间、正确的场合进行宣泄，则能提供机会重新体验早期经历，弄清为什么有些心理创伤是如此令人烦恼。

正如我前面指出过的那样，整团动力类似于原生家庭动力。考虑到某些模式的持久性，团体成员不由自主地在团体互动中重演家庭互动模式。进行云观察的时候，团体教练师需要记住一个事实：总有某个或某些人物勾起我们对父母、兄弟姐妹或者其他重要他人的回忆，激活有关争宠、嫉妒和羡慕的主题，导致移情反应。

***"整团动力提供机会给团体成员更好地了解原生家庭动力。"***

整团动力提供机会给团体成员更好地了解原生家庭动力。团体成员之间的互动，可以帮助澄清过去与父母、兄弟姐妹以及其他重要成员的关系。团体成员有机会探索与某个或某些家人之间一些从未解决的冲突，还有机会（在教练师的引导下）再次体验那些留下了心理创伤的家庭情境，不过这次更具建设性——其他团体成员充当更体谅的"家人"。与教练师一起，团体成员可以帮助指出处理冲突情境、打破僵化模式的各种不同方式。

最后但并非最不重要的一点是，自我探索、自我了解也有很强的促变作用。发现并接受自己身上那些以前没有认识到或者没有理解到的人格特点，可能非常有启迪作用。某些行为模式，现在看似有问题，但是过去非常有用，是我们小时候在原生家庭的影响下形成的；认识到这一点，我们就对人生有了更多掌控感，就不再指责别人，就为自己做的事情负责，最终就会发生改变。

### 打倒过去幽灵

像团体教练师那样的促变者应该最大限度地利用上述这些促

变力量。另外，团体作为整体的体验（以下简称整团体验）可以用于解读团体成员之间的投射反应和移情反应。整团体验还可以用于让教练师解读自己对团体成员的反移情反应。教练师需要同时在数个层面操作并把自己用作工具，这可能让团体教练显得十分混乱；有很多乱七八糟的线要理顺并串起来。但是，教练师要是满足了这些要求，就会加深自己的教练体验，也会加深团体成员的教练体验。

领导力教练师经常进行一种可以比喻为皮影戏的活动。一对一的教练会探索组织中各利益相关者之间的不和关系；组织内部的团体教练，出席者不仅有现有成员，而且有过去幽灵，过去幽灵指伴随每个成员的各种或显性或隐秘的动力。在比喻意义上，团体成员绑在哇扬娃娃上（“哇扬”的原文“wayang”，是个日本词，意思是“影子”或“幽灵”），在一幕复杂的皮影戏中重演过去幽灵。在团体背景下（团体就是“真实”世界的缩影），团体成员有可能把自己与他人之间的冲突表演出来。团体成员需要知道，多个个人剧本的交互作用制造出了团体心理，进而让团体成员有可能通过整团体验（有意或无意地）形成集体意义建构和集体行动。

团体作为整体需要视作一个动态演化的社会结构，这个社会结构是由所有团体成员创造的，所有团体成员还在通过参与和互动不断修订这个社会结构。同一团体的人，非常容易感染彼此的情绪，形成共有的情绪。因为影子戏十分复杂，所以即使发生在眼皮底下，很多团体成员也意识不到它的存在。这里就需要像团体教练师那样的促变者介入，澄清正在发生什么事情，然后制造更有利的条件，让团体成员体验以前应对不了的情境，形成更恰当的情绪。在教练师的引导下，团体成员还可以体验以前视为禁忌或威胁的想法和感受。当团体成员开始理解以前理解不了的过去事件，他们就在学习区分过去和现在，区分适合于过去的行为和适合于现在的行为。他们还在放下无助感，获得掌控感。重新体验过去经历也有不好的一面，即有时可能激发强烈的原始情绪，进而导致团体某些成员会使用很具破坏性的防御机制。

团体外的人比团体内的人更容易解读在团体起作用的复杂动力，更有效地澄清正在发生什么事情。没被哪个组织社会化，以及其他一些原因，团体教练师能够更好地充当团队和组织的促变者。

## 一些事务性的东西

除了关注团体成员的心理问题、整团动力以外，像团体教练师那样的促变者还要关注一些事务性的东西。第一也是最重要的是，需要时刻关注参加团体教练的那个团队在组织中需要完成什么任务。

为此，教练师必须有敏锐的商业意识，知道组织是怎么运作，如何盈利的。教练师赢得客户组织经理人团队的信任，不仅是因为他们熟悉个人和团队的心理，而且是因为他们理解团队所在的商业环境。他们懂商业语言。教练师要是不懂客户的组织结构、竞争优势、面临的挑战、所在行业的市场环境（以及其他很多东西），就不能可靠地帮助客户组织的经理人团队。

考虑到团体教练的复杂性和强度，我觉得进行团体干预时最好与人搭档。两个教练师结成对子进行团体教练，就可以互相轮换，一会儿这个处于局中那个处于局外，一会儿那个处于局中这个处于局外，一会儿这个充当主动角色那个充当被动角色，一会儿这个充当被动角色那个充当主动角色。为了让搭档起到最佳效果，两个教练师需要相处融洽、尊重彼此、风格互补。

在决定进行团队干预前，团体教练师需要评估一下能从客户组织的权力结构那里获得多少支持。要让组织认真对待团队干预，必须获得客户 CEO 的支持——如果 CEO 还是大股东，那就更需要如此。没有 CEO 的支持，干预很有可能乏善可陈，令人失望。CEO 是角色榜样，没有 CEO 的护佑，教练式干预就是浪费时间和金钱。

即使已经决定进行团体干预，客户组织中的某些高级经理人也许对团体干预并不热情。教练师可以处理这些阻抗。如果 CEO 参加团体干预（最好是这样），那么教练师需要告诉 CEO，在干预全程中相对低调一些。CEO 太强势的话，其他成员很容易受到威胁。正如下面这个蒙伯格和辛瑟瑞斯的故事说明的那样。

## 蒙伯格和辛瑟瑞斯的故事

从前，有群水牛，这群水牛的头牛非常强势，叫蒙伯格。一天，在一条小溪旁边的草地上，蒙伯格咀嚼着反刍出来的草料，对手下们吼道："情况如何啊？"他想听好消息。手下们站得离他远远的，商量着怎么向他汇报。情况并不好。草越来越少，维持不了多久。

但是没有哪个手下敢把这个坏消息告诉蒙伯格——他们太了解蒙伯格生气后会怎样。很多手下的身上还留有蒙伯格生气后造成的伤疤，他们最不愿做的事情就是让蒙伯格生气。"我应该对他说什么？"蒙伯格的副手辛瑟瑞斯问其他手下。他们还清楚地记得，以前有群牛闯入了他们的地盘，抢了他们的食物，蒙伯格是多么生气。像牛群里其他大多数成员一样，辛瑟瑞斯知道是时候换个地方，寻找更好的草了。除了蒙伯格懒洋洋地倚靠着的那块地方，这块草地上的大部分草已经吃得连根都不剩了。辛瑟瑞斯问自己："我有胆量告诉蒙伯格大家面临饿死的危险吗？"他认识到，答案是没有。

最后，辛瑟瑞斯走近蒙伯格。"头，情况好着呢，"他说，"草多着呢，每头牛都够吃。当然，如果下雨的话那就更好了——不过，不下雨，我们也能应付过去。"蒙伯格咕哝一声说："听到你说情况不错，我很满意。”他闭上眼睛，继续咀嚼。

第二天兆头就不好。新来了一群牛，让他们原本就不多的食物显得更加紧张。辛瑟瑞斯慢慢走近蒙伯格，做了一会儿思想斗争，然后说：“哦，头，顺便说一下，我们的地盘新来了一群牛。”蒙伯格猛地睁开眼睛，要去拱辛瑟瑞斯。意识到即将发生什么，辛瑟瑞斯迅速加了一句：“但是，没什么大不了。我听说，他们只是路过。”蒙伯格立即冷静下来说：“好。大惊小怪没意义，明白吗？”

但是，随着时间一天天地过去，情况变得更糟了。一天，从所在地方往山下望去，蒙伯格注意到，他的群里没剩多少牛了。他把辛瑟瑞斯召来，生气地问：“发生了什么事情？大家都去哪儿了？”辛瑟瑞斯不敢说，群里大部分牛跟着新来的那群牛走了，去找更好的草地。辛瑟瑞斯非常犹豫地说：“头，我觉得最好趁下雨之前清理一下老弱病残，你知道，他们无助于抵抗狮子、土狼，保护小牛。”“很好，”蒙伯格说，“想得太妙了。摆脱那些老弱病残，我们就有更多生存空间。牛群需要强势领导。你做得对，我很高兴。”

没过多久，整个牛群就只剩下蒙伯格和辛瑟瑞斯。说出真相的那一刻到来了，辛瑟瑞斯再也不能拖下去，他必须告诉蒙伯格发生了什么事。他一步三拖地走向蒙伯格说：“头，我有很坏的消息要告诉你。就剩下我们了。其他牛都走了。”蒙伯格太惊讶，忘了去拱辛瑟瑞斯。“他们都离开了我?”他喊道，“为什么呢? 出了什么问题?”辛瑟瑞斯害怕得不敢回答，只是盯着草地。“我不明白，”蒙伯格说，“一切都很好，但是他们离开了我，这是为什么呢?”

正如这个故事说明的那样，提意见不是什么容易的事情，传递坏消息是很难做到的事情。只有少数几个人能弥补这个缺陷，团体教练师就是其中一个。他们可以委婉但坚定地告诉人类中的蒙伯格那些也许关系组织生死存亡的真相。而且，不要忘记，教练师可以引导团体帮助辛瑟瑞斯想到办法改变行为，变成更有勇气、更有全局观的副手。

# 第 9 章　团体教练之禅

一个巴掌是什么声音？

——禅语心印

你无法教会别人任何东西，你只能帮助别人发现一些东西。

——伽利略·伽利莱

我们靠赚钱生存，靠给予生活。

——温斯顿·丘吉尔

所谓领导，就是让别人心甘情愿做你想做的事情。

——德怀特·艾森豪威尔

从前，有个石匠，他对自己的处境非常不满，想变得更强大。一天，他路过一位富商的家，透过敞开的大门，他看见那里场面奢华，贵宾如云。“那个富商一定很强大！”石匠想，“但愿我能像他一样，不再是个低贱的石匠。”

令他大吃一惊的是，突然之间，他真的变成了那位富商，享受着超出其想象力的奢华和权力，但是也遭到不如他富有的人的嫉妒和怨恨。不久，一位大官从此经过。大官坐在轿子里，随从护拥，士兵保驾，鸣锣开道。所有人都向大官鞠躬致敬。“那个大官真强大啊！”他想，“但愿我能成为大官！”

再次，他突然变成了那位大官，坐在轿子里四处张扬，周围人都怕他、恨他，但是在他经过时都向他跪拜。他非常享受这个新身份。

一个烈日炎炎的日子，他坐在汗得黏糊糊的轿子里非常不舒服，于是伸出头来看太阳，太阳骄傲地悬挂在天空，对他的存在无动于衷。他认识到，太阳比任何大官都强大——确实，太阳一定是世界上最强大的东西。太阳照耀着一切，万物因太阳而生长。太阳有致命的力量。他想，“但愿我能成为太阳”。于是，他成了太阳。

几天过后，当他向地球上的一切生物显示自己的力量，一片巨大的乌云挡住了他，他无法随心所欲地照耀每样东西了。他沮丧地认识到，太阳并不是世界上最强大的东西，一片乌云就能减弱太阳的威力。他想，“但愿我能变成云”。

于是，他变成了云，放出闪电、传出雷声、下着大雨，显示着威力。他淹没了田野和村庄，每个人都咒骂他。但是，不久，一股强大的力量吹动了他，他发现那是风。“好厉害啊！”他感叹道，“但愿我能成为风。”

于是，他变成了风，摧毁了无数的房屋和树木，大地上的人都怕他、恨他。但是，不久，他突然被什么东西挡住了，不管他怎么吹，都吹不动这个东西——原来是高耸的巨石。“巨石多么强大啊！”他想，“但愿我能变成巨石。”

于是，他变成了巨石，比地球上的其他任何东西都强大。但是，一天，他听见了一阵清脆的敲击声，感到一把錾子刺破了自己坚硬的表面，改变着自己。他想知道：“还有什么比我——巨石——更强大的吗？”他向下望去，看见在下面很远的地方，有个石匠的身影。

石匠的挑战是发现自己内在的力量、美、创造力和爱。他需要接纳真实的自己，如果这一需要得不到满足，那么他永远不会幸福。如果有个智者的指导，那么石匠是否会更快认识到自己的内在潜能？谁知道呢？自我探索非常复杂，为了避免步入迷途，他也许需要一个陪练手，在恰当的时候给他恰当的建议，或者只是倾听他在每次转变之后的想法。通过问一些开放性问题，温和地推动他往前走，训练有素的教练师也许可以帮助他认识到，他可以用一个直接很多的方式实现目标。

***“顾问或团体教练师那样的促变者的角色就是陪伴来访者走完自我发现之旅。”***

在某些方面，顾问或团体教练师那样的促变者的角色就是陪伴来访者走完自我发现之旅。想象一下，一个石匠、一个富商和一个大官等一起参加团体教练，那结果会怎样？因为每个成员都会在教练师的引导下讨论自己的现实，所以石匠也许就能远远更快地了解自己在世界上独一无二的地位。

在本书前面几章，我引用了多个国家的寓言故事来说明，在恰当的时候运用正确的话语、手势、行动甚至沉默，可以起到很好的效果。本章我想更加详细地讨论教练师在团体教练环节可能用到的工具和技术。

***“在团体教练中，团体成员经常有强烈的投射、投射认同、投入、镜像和移情反应，教练师要做这些反应的‘垃圾桶’，很难保持清醒的头脑。”***

教练师可能很难做到情绪和心理上的中立，因为教练师要包容团体在讨论阶段生出的强烈感受。在团体教练中，团体成员经常有强烈的投射、投射认同、投入、镜像和移情反应，教练师要做这些反应的“垃圾桶”，很难保持清醒的头脑。

正如我提过的那样，事实证明，团体教练是个非常有效的干预技术。目前为止，一共有几千个经理人经历了这样或那样的团体教练。我干预过很多高级经理人团队和董事会，听他们讲述了各种各样的事情，从与父母、兄弟姐妹的情感纠葛，到组织中的争权夺利，再到强大的变革阻力。但是有一样事情是肯定的，那就是团体教练是有用的。下面，我会介绍第 2 章那个领导力教练短片依次用到的一些技术（有的技术会在同一团体教练中多次反复用到）和一些方法论。

## 自画像：打造过渡空间

进行团体干预（比如第 2 章那个例子），我做的第一件事情经常是让团体成员给自己画像。这个练习表面上看起来很简单。指导语是，画 7 幅画，分别代表你工作时的样子、你休闲时的样子、你过去的样子、你未来的样子、你脑袋里的样子、你心脏里的样子、你肚子里的样子（见图 9. 1a 和 b）。尽管接到这个任务时，大多数人非常怀疑，但是他们很快深深投入到这个练习中。团队再次聚到一起时，我让每个团体成员解释各自的自画像。这

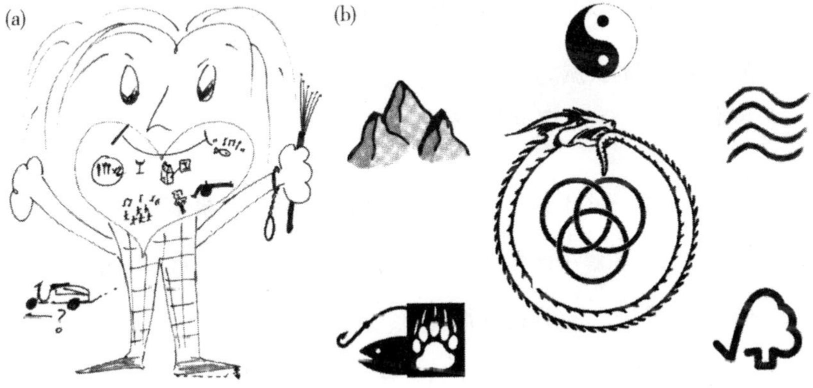

图 9. 1a 和 b　自画像的两个例子

是让团体成员进入过渡空间的一个有趣而有效的方法。

只有拥有足够的安全感，团体成员才敢一边解释自画像一边分享隐私。这里又轮到领导力教练师发挥作用了，他或她要为建设性的对质和澄清设置安全的边界。领导力教练师需要让团体成员认识到，在其他团体成员面前讲述自己，不要太过顾忌理性和礼貌，也不要怕尴尬。在这个练习中，团体成员可以学习多多运用右脑——比较感性、充满幻想、富有想象力的那部分大脑。有的团体成员在解释自画像时可能表现出强烈的情绪反应，像痛哭流涕，但是把隐藏在深处的情绪表现出来可能极其有利于推动干预——帮助团体成员深入了解彼此的长处和短处。

## 生命叙事：让焦点问题浮现出来

团体教练式干预早期阶段需要做的另外一件事情是，确认每个团体成员想解决的焦点问题。只有知道了自己想改变什么，才能改变。例如，也许是管得过细、行为粗暴、回避冲突、过度自恋或者其他方面的问题。当然，深入挖掘下去，就会发现，这些不过是一些深层问题的表象，这些深层问题包括缺损的自尊、未解决的争宠问题等。在其他团体成员和团体教练师的帮助下，团体成员需要确认自己的核心问题，还需要设置明确的、可行的改进目标。

在团体教练式干预中，除了使用自画像练习外，我还使用另外一个练习：讨论 360 度反馈调查的结果（使用的各种工具见附录）。我发现，这个练习非常有助于推动团体干预。360 度反馈调查收集到的信息可以作为绝妙的破冰工具，让团体成员深入了解自己和他人，以及团队和组织的运行状况。360 度调查报告提供的自我评价（被测评者自己如何看自己）和他人评价（被测评者身边的人，同事、下属、上司以及其他人，如何看被测评者），特别是自我评价与他人评价之间的差异，可以帮助团体成员思考如何提高彼此之间交往互动的有效性。与此同时，360 度调查报告还能让团体成员认识到，不同的人对同一事情有不同的处理方式，这些处理方式无所谓对错，都是有效的，进而鼓励团体成员互相体谅。360 度调查报告还让人了解，各种不同性格类型的人，最好要如何管理、如何共事；哪些风格结合起来最有效，哪些风格要避免放在一起。如果还对成长背景加以调查和分析，那么 360 度调查报告还极其有助于团队成员了解自己为什么会变成现在这样。

这里，再次，像团体教练师那样的促变者应该有足够的耐心和开放的心态。在很多案例中，来访者会谈论他们已经意识到了的问题。他们也许知道自己管得过细、回避冲突或者行为粗暴，但是，时间一年年地过去，他们并没做些什么来解决问题。教练师面临的挑战就是，（运用各种各样的技术）帮助制造转折点，而团体的任务是，在教练师的引导下，找出问题的本质所在。

随着时间的过去，我发现，仅仅根据 360 度调查问卷提供的信息还不足以进行有效的团体干预。仅仅讨论一下 360 度调查结果报告，干预就太干巴。有关故事讲述的研究表明，生命叙事对提高团体干预的有效性非常重要。进行生命叙事，一般就会提及人生的一些十字路口，这十分有助于全面立体地了解团体成员。他们是怎么来到现在的组织的？他们如何描述他们的领导风格？如果他们是在新加坡而非法国或阿布扎比长大，那会怎样？他们人生当中最美好的一刻是什么，最糟糕的一刻是什么？他们就那些塑造了自己的重大经历所说的话、所讲的故事，会极其有用。

以自画像为起点讲故事，往往能带来很多领悟。生命叙事，往往蕴含一些从过去持续到现在的主题。讲述者面临的挑战（也是教练师和其他团体成员面临的挑战），就是确认这些主题。确认了这些主题，就能更好地理解自己的人生（以及其他团体成员的人生）。这样的理解有助于提高同伴教练的有效性。

我指出，生命叙事多半围绕看似无解的困境而展开，这些困境源自对自己、对他人、对世界的错误认识。这些困境往往与团体成员在组织里面临的挑战有关。单独面对好像解决不了的问题，有了团体的支持也许就很好解决。

***“故事讲述是修通工作生活中遇到的内心危机和外部挑战的一个方法。”***

讲述人生故事，是探索自我的一个方法。在讲述的过程中，可能就会思考一些存在性问题，例如：我是谁？我要去往哪里？我如何去往那里？故事讲述是修通工作生活中遇到的内心危机和外部挑战的一个方法，也是把人生有意义地整合起来的一个方法。

## 动物比喻

比喻可以视作另外一个叙事工具，它能委婉地表达不好直接表达的想法和感受。像教练师那样的促变者可以在团体教练中灵活地运用比喻。运用比喻，就能更好地就情绪情感或敏感话题进行沟通。运用比喻，可以带来看问题的新视角。运用比喻，还可以起到活跃气氛的作用。不仅教练师要运用比喻表达比较难以直接表达的信息，而且其他团队成员也要。团队成员如果能够运用比喻，就可以形成新视角。自由联想往往很能解放团队、教练师、热椅子上的人。

因此，处理完了事实性信息（即360度调查收集到的信息）后，我往往会用比喻鼓励团体成员大胆给予反馈。我向团体成员提出以下问题：“这个人让你想到什么动物？”以及追问：“这个人为什么让你想起那个动物？”典型答案是鸵鸟、海狸、猎犬、花豹等。我发现，比喻，以及它们传达的隐藏信息，非常有利于推动团体教练，具体来说有利于充实团体想向某个成员传递的信息。

然而，比喻成动物，就有褒有贬。动物有很多拟人特点——把人比喻成动物，可以很好地归纳这个人在领导风格方面的特点。例如，在人们看来，猴子是聪明的、活泼的，有时调皮捣蛋；老虎是危险的、凶猛的；乌龟缩在壳里，因此是腼腆的、退缩的。说某人是驴子，意思是这个人固执己见，不易受他人影响。长颈鹿代表异想天开、好高骛远、不切实际；变色龙代表见风使舵、八面玲珑、善于察言观色。把某人比作公牛，其意义不言自明。整个组织都可以这样描绘出来。杂志《滚石》曾把一家投资银行比作“顶着伪善面孔的吸血鱿鱼，哪里有金钱的味道就把触角伸到哪里”——这个比喻真是一针见血。

建设性地解释比喻的含义，为进一步反思其含义创造机会，是团体教练师的责任。例如，教练师可以问：“让这个人做上司，会是什么样？”“如果你是这个人的上司，你如何管理这个人？”“作为朋友，你想给他什么建议，让他变得更有效？”

## 悖论干预

在开创性著作《人际沟通语用学》中，作者保罗·瓦茨拉维克等人想把第 5 章介绍过的贝特森双重束缚理论正式化。根据瓦茨拉维克的说法，每个沟通都有两个层面：内容和关系。前者可以根据后者分类，而且，后者可以视作元沟通。他们提出，不管形式如何，沟通包含的信息，都不只是言语的平实含义，也就是，想理解沟通的深层意义，还要考虑沟通双方的关系。

在强调元沟通的作用时，瓦茨拉维克把双重束缚理论拓展为一般语用悖论理论。策略家庭治疗以及悖论干预技术把这个取向变得更具操作性。像贝特森一样，坚持这个取向的人，认为心理问题是扭曲的沟通模式造成的。为了处理心理问题，他们使用悖论干预，努力打破家庭内部旧有的不良沟通模式。这类干预在团体教练背景下也有效。

所谓悖论，就是一句话包含自相矛盾的两层意思。例如，克利特人埃庇米尼得斯说了一句“流传千古”的话，“所有克里特人都从不说真话”。那么他是在撒谎还是在说真话呢？如果所有克里特人都从不说真话，那么他就是在说真话；他是克利特人，所以他从不说真话；他从不说真话，所以他在撒谎……因此，悖论不仅包含两层自相矛盾的意思，而且一层意思让另外一层意思站不住脚。

**悖论干预的几个例子**

**例 1** 你的两个下属经常吵架，不管你怎么劝，他们都不听。无奈之下，你把他们带到你的办公室，告诉他们，以后每天到你的办公室吵架 20 分钟。不过，吵架要遵守一定规则：可以大喊，但不准动手、不准扔东西。

**例2** 团队开会，经常是小A一个人说话。团队领导在一边看得很着急，用了很多办法，想让小A明白，其他人也想有表现机会，但是这些办法都没用。最后，在一次团队会议上，她决定换个思路处理这个问题。会议开始后，她说："约翰，既然你有这么多好主意要急于分享给大家，那么你能主持这次讨论吗？我想让你把心中的想法都告诉我们。请说吧，别着急，我们洗耳恭听。只要是你认为重要的，都拿到桌面上说吧。"

**例3** 团队有个骨干成员说要辞职，因为对手公司给他提供了很好的职位。上司说，他这么做很明智，自己处在他的位置也会这么做。显然，对手公司提供的职业发展机会要好得多。根据他的判断，那份新工作比现在这份工作要好很多。但是，上司继续说：要不要帮忙让那家公司开出更好的条件？他开始与那个骨干成员一起研究那份诱人的新工作，分析其优势和劣势，最后让那个骨干成员认识到留在现在的公司要明智很多。

**思考这三个故事，弄清到底是怎么回事。如果可能的话，和别人讨论一下。**

***"悖论干预，就是把来访者想解决的症状用作处方。"***

悖论干预，就是把来访者想解决的症状用作处方。它是个复杂概念，经常被人等同于逆反心理学。例如：来访者害怕失败，教练师就让他在某件事情上失败；来访者喜欢拖延，教练师就让他每天专门留出一个小时用于拖延。我还可以继续列举下去。背后原理是，我们的所有行为都是有原因的，一般是为了满足某个需要（叛逆需要、关注需要、求助需要等）。如果行为是非自愿的，那么自愿地去做，就说明行为是可控的，不再是个症状。把症状用作处方，教练师就能帮助来访者理解这个需要，并且获得对症状的控制感。选择让症状表现出来，来访者也许就能认识到，自己既然能制造它，那么也能灭掉它或改掉它。

悖论干预的主要目的是让来访者在一定程度上能够控制关系，所以这个干预技术对改变僵化的关系特别有用。悖论干预把控制点移交给来访者本人。最终目标就是把非自愿的行为（进而是控制不了的行为）变成可以随意控制的行为。

所有教练式干预（不管是团体的还是个体的），在处理阻抗时都可以采用悖论策略。悖论干预可以整合到更综合、更复杂的干预中。在充满信任的关系中，症状行为可以通过幽默的、悖论的交流加以处理。但是，至少根据我的经验，只有在其他更传统的干预都失败的时候，往往才会在不得已的情况下使用悖论干预。双重束缚假设能否成立，说得更具体一些，具体选择哪个悖论干预，取决于来访者的阻抗或准备情况。

我想起了一个家族企业的所有者兼 CEO，当我问他想看到一幅什么样的未来，他说希望看到三个孩子在他的公司里和谐地工作。然而，他的孩子越来越挫败，因为他一直拒绝考虑继任计划，也拒绝让他们在业务上担当更多责任。他做的事情完全不利于他实现目标。当我问他为什么不给孩子更多责任，他说他觉得他们还没有做好准备。“他们还有这么多东西要学，现在就让他们担当很多责任会让公司业务面临很大风险。”

我对他的说法表示同意，然后说：“你也许是对的。你的孩子也许完全不胜任。实际上，我想说，他们现在的责任已经够多了，你为什么给他们那么多责任呢？我要是你，绝不会这么做。他们在公司里做了够长的时间，应该已经准备好了。但是，根据你的说法，要是没有他们，公司一定会做得更好。也许你应该深入思考一下？也许你应该让他们做他们真正擅长的事情。他们真正擅长的事情也许在公司外面。也许他们其实并不想在公司里做。”这话他很不爱听。他非常生气地抗议说，他的孩子喜欢在公司里工作，我的话错得离谱。我意识到，他显然对我非常失望，要炒掉我。但是，高兴的是，我的话让他开始思考。两个星期后，他打电话让我去讨论进一步的问题。讨论时，我指出，他一再拖延解决接班人问题，给整个公司笼罩上了阴影。人终有一死，看到孩子们在公司里做得很棒，不是很好吗？早点把接班人问题搞定，让他们感激，不是很好吗？一个月后，在一个团队工作坊中，他决定从 CEO 的位子上退下来，让他的女儿——他最大的孩子——做 CEO，他自己则做非执行董事长。

## 动机访谈

动机访谈是像领导力教练师那样的促变者经常使用的另外一个十分有效的促变工具。动机访谈是一种以来访者为中心的，通过鼓励来访者探索并解决其内心矛盾而诱发其行为改变的半指导性行为改变技术。换句话说，动机访谈的目的是，帮助来访者探索并解决自己对行为改变的矛盾心态。它结合了风格（热情、共情）和技术（例如，聚焦式倾听、印证式倾听、指出目标行为与当前行为的差距）。

**你如何应付来访者?**

琢磨以下问题，回答是或否。

| | 是 | 否 |
|---|---|---|
| 1. 听别人说话时，你尊重别人所说的东西吗? | | |
| 2. 你喜欢问开放性问题吗? | | |
| 3. 当别人谈到伤心事，你会表现出同情吗? | | |
| 4. 你与他们讨论他们对某些问题的矛盾心态吗? | | |

5. 你努力让他们而非你提出改变吗？

6. 谈到某个话题，他们变得防御，你会换位思考，改变话题吗？

7. 你向他们强调，不管他们做什么，他们都多么能干吗？

**如果大多数问题你都回答“是”，那么你（有意无意地）在做动机访谈。**

动机访谈的操作假定是模糊状态或未解决状态，是促变要克服的主要障碍之一。动机访谈的主要策略是帮助来访者考察他们对改变的矛盾心态，以增强他们的改变意愿，让他们意识到改变的重要性，让他们相信自己是有能力改变的。动机访谈的前提是：

- 让来访者发自内心地想改变，而不是强迫来访者改变。
- 把对改变的矛盾心态表达出并解决掉，是来访者的任务，不是教练师的任务。
- 直言相劝并不是解决矛盾心态的有效方法。
- 教练风格往往潜移默化、润物无声。
- 教练师要指导来访者考察并解决矛盾心态。
- 教练师探索来访者当前的行为、价值观与来访者想要的行为和价值观之间的差距。

- 教练师并不挑战来访者的阻抗，认为来访者不愿改变是中性的而非不良的。
- 教练师的目标是提高来访者的自我效能感，帮助来访者成功地、自信地走向转变。
- 教练师与来访者之间的关系，更像伙伴或伴侣，而不是专家和病人。

动机访谈力求做到不评判、不对质、不敌对。作为一项干预技术，它应该用于让来访者更加清楚地意识到，问题的原因和结果，以及不做改变的话会有什么潜在风险。在教练师和来访者互动期间，对矛盾心态的处理是微妙的，双方都探索不同行动方针有哪些可以感知到的成本和收益。

它还有助于探索焦点冲突令人困惑、自相矛盾、具有个人特色的方面。就像用过动机干预技术的人强调的那样，对质取向通常会增强阻抗、减少改变的可能性。像教练师那样的促变者需要引出来访者的想法，而不是把自己的想法强加给来访者。更重要的是，需要让来访者做好改变的准备——让来访者成为提出改变的那个人。不足为奇的是，对于那些习惯了强烈对质和直言相劝的人来说，动机访谈技术可能令人挫败。

在动机访谈中，教练师需要高度关注来访者的动机迹象并及时给出正确回应。抵制或否认问题，不该解释为来访者的人格问题，而该解释为来访者给予的反馈——来访者觉得教练师太过性急、逼得太紧。来访者要就自己的行为做出自己的选择，教练师任何时候都要尊重来访者的选择。合作氛围对建造教练师与来访者之间的工作联盟非常重要，因为它允许来访者信任教练师，而在对峙氛围下，很难建立信任。不管促变者多么想来访者改变行为，只有来访者想改变，改变才能发生。开放性提问、印证式倾听、肯定、总结，是来访者和教练师之间操作模式的主要特点。

在团体背景下的动机访谈中，团体成员讨论各种不同选择及其优劣势，有助于帮助他们决定如何推动团队干预。在这个信任的、合作的氛围下，团体成员可以根据自己的需要、愿望、目标、价值观和自身优势制定改变策略。

## 竞争性承诺

另外一个促变工具叫作“四栏练习”。这个练习有助于来访者认识到，他们的表面目标与潜在目标之间的紧张关系。来访者之所以向咨询师或教练师求助，是因为他们觉得卡住了。他们有着各种各样的良好愿望，可是好像一个也实现不了。考虑到这种僵局，教练师要思考的问题就变成了：是否有其他力量在起作用，妨碍了来访者去实现他们的良好愿望。

为了描述这个现象，西格蒙德·弗洛伊德发明了一个词语

“次级收益”，指生病附带的好处，例如休息、礼物、关心、摆脱责任。他认为，有些设计得很好的干预方案之所以很难产生效果，就是因为来访者不愿放弃次级收益。弗洛伊德认为，来访者一般意识不到自己改变不了是因为想继续享受次级收益。除非让来访者意识到这一点，否则很难让想改变的来访者真正做出改变。

为了帮助个体或团体来访者应对与次级收益有关的挑战，发展心理学家罗伯特·基根和莉萨·拉斯科·雷希重构了弗洛伊德的次级收益理念，提出了“竞争性承诺（competing commitments)”理论。他们认为，人们之所以在工作和生活中体验到困难，是因为有一些隐性承诺妨碍他们做出他们想要做出的改变。根据基根和拉斯科·雷希的说法，改变总会遇到阻抗——个人层面或组织层面那些阻止改变的力量。这些力量可以视作“竞争性承诺”。

基根和拉斯科·雷希认为，帮助人们向新目标或新挑战迈出第一步往往是简单的，但是帮助人们把新行为或新实务嵌入到习惯行为或常规做法中往往要难得多。就在这个时候，隐藏的“竞争性承诺”冒出来了。“竞争性承诺”往往没用语言明确表达出来，甚至是无意识的。很多“竞争性承诺”的基础是那些长期持有的信念，这些信念已经成了人格的一部分，所以这些“竞争性承诺”很难改变。

与弗洛伊德恰恰相反，基根和拉斯科·雷希提供了一个偏认知行为取向的方法来克服他们所说的“对改变的免疫”。当人们做出妨碍自己实现目标的事情，原因可能是他们内心深处持有的信念与他们意识层面持有的信念是完全相反的。换句话说，当人们不能把良好愿望变成现实，那么可能是有其他力量在起作用，因为这些力量的存在，所以不管他们怎么努力，也得不到显而易见的进展。

竞争性承诺不该视作弱点，而该视作一种自我保护机制，这种自我保护机制来自人们对自己、对周围世界根深蒂固的看法。它们的基础往往是，个人对世界的一些大假定。我们很少意识到这些大假定，因为这些大假定是我们人格的一部分。我们把它们当作现实。只有把这些大假定带到意识层面，人们才能挑战这些大假定，采取行动克服对改变的免疫。这些信念暴露出来，改变就有可能。为了帮助人们处理竞争性承诺，基根和拉斯科·雷希开发了一个四栏练习。

这个四栏练习具体分为四步。第一步，找出一个没有充分实现的重要承诺。教练师可以这样问来访者：“为了提高工作有效性，或者让工作做得更好，你想做出什么改变？”重要的是让来访者列出他们非常想改变的东西。来访者对这个问题的回答，会渐渐演变成抱怨。这个承诺的结果应该写在第一栏。第二步，找出竞争性承诺。在这一步，教练师可以这样问来访者：“你做了/没做哪些事情，让你难以做出那个改变？你为什么做/没做那些事情？”来访者列出自己所做/没做的一切妨碍改变的事情，写在第二栏。第三步，反思第二步所列的几项做/几项没做意味着什么。在这个过程中，内心浮现出来的恐惧，就可以透露竞争性承诺的存在。把竞争性承诺写在第三栏。最后一步，想想竞争性承诺背后的大假定，写在第四栏。之后，来访者就可以看到他们的假定是如何妨碍他们实现目标的。错误的大假定可能源自童年时代，然后影响终生。找出竞争性承诺及其背后的大假定，可能要花很多时间。然而，完成了这个练习，任务就变成了改变根深蒂固的大假定，这往往也需要毅力以及教练师或其他促变者的帮助。

图 9.2 给出了四栏练习的一个例子，这个例子说的是一个不会团队合作的人。

基根和拉斯科・雷希的四栏练习非常有助于把某些妨碍改变的竞争性承诺带到意识层面。让团队每个成员做完这个练习，可能是非常重要的第一步，最终会带来有意义的持久改变。改变，意味着对自己诚实，或者愿意与其他重要的人开诚布公地谈话。通过这个挖掘竞争性承诺的过程，我们就表露了那些我们往往不愿表露的私密感受，比如根深蒂固的不安全感，或者高度简化的人性观。在本质上，挖掘竞争性承诺，就是进行自我探索。

| 改进目标（承诺） | 做/没做 | 隐藏的竞争性承诺（为什么对改变免疫?） | 大假定 我假定，如果我……那么……（某件可怕的事情）会发生（恐怖画面!） |
|---|---|---|---|
| 变得更会团队合作 | 与人合作，我就会浪费很多时间和金钱，而现在的压力已经够大了。<br>而且，我可能会跟别人产生矛盾，最后受到伤害。<br>此外，在团队我总是不知道要说什么。我害怕出丑。<br>但是，不与人合作，我就会得罪人。别人会认为我孤傲。 | 担心浪费时间；担心错过机会；担心与人产生矛盾、受到伤害；担心出丑/担心遭到羞辱；担心出现自卑感；担心出现无助感。 | 如果我真的变成团队合作者，那么我永远不会充分实现我的个人潜能。我甚至会丧失自我。我也许还会丧失自尊。 |

图 9.2 四栏练习

## 禅道

我还发现，禅的柔和、非对质取向非常有助于团体教练那样的干预项目。真正的禅道不是告诉人们做什么，而是让人们承担起探索自我、发现自我的任务。让我用一个贴切的故事说明什么是禅道。

日本大禅师白隐慧鹤（Hakuin Ekaku）因生活检点而享誉全国。他的附近住着一个美丽的女孩，这个女孩的父母开着一家商店。一天，女孩的父母生气地发现，女孩怀孕了。起初，女孩不愿说出孩子的父亲是谁，但是，架不住父母一再逼问，女孩最后说是慧鹤。女孩的父母怒气冲天地找到慧鹤对质。“是那样吗？”慧鹤只回答了这么一句话。

孩子出生后，女孩的父母把孩子交给慧鹤抚养。这把慧鹤的名声全毁了。但是，他一点都不在意，把孩子照顾得很好。他从邻居那里要到了牛奶以及婴儿所需的其他一切东西。

一年后，孩子的母亲再也忍受不了自己撒下的谎言。她告诉父母，孩子的父亲其实是在鱼市上干活的一个年轻人。她的父母立即找到慧鹤道歉，乞求他的原谅，要回孩子。慧鹤把孩子交给他们时，又只说了那么一句话：“是那样吗？”

教练师可以从这个故事得到什么启示？第一，如何面对困境，最能看出一个人的性格。慧鹤面对困境，表现得非常冷静、泰然。他不会让意外事件干扰他内心的宁静和幸福。泰山崩于前而面不改色，说明别人的观点根本影响不了他。第二，这个故事说明我们不该草率地确定别人的性格，我们应该谨慎地提建议。

## 确保团体教练不偏航

像团体教练师那样的促变者还有责任确保团体教练不偏航。

教练师必须时刻同时关注团体层面和个体层面的问题，在恰当的时候进行对质，确保消极的、悲观的、偏执的或抑郁的态度不会妨碍团体教练的顺利进行。

对某些团体成员来说，对质可能造成很大伤害。他们也许觉得被扒光了衣服，变得防御或退缩。重要的是，教练师要确保热椅子上的人任何时候都能得到最大的支持。如果其他团体成员不能给予热椅子上的人最大的支持，那么教练师就必须介入。教练师最好不要与团体成员严肃地对质。教练师比团体里的任何人都更有可能让团体成员觉得被扒光了衣服，遭到了攻击或羞辱。

然而，有时，柔和的对质也许是必要的，以防止迁怒，或者，以克服顽固的阻抗，特别是团队范围的阻抗。干预要有效，就既要包含支持成分又要包含对质成分。诠释需要在支持的背景下做出，这样才可以矫正那些不良的情绪体验。

为了创建支持、营造信任，除了以上介绍的那些技术外，我还使用了其他技术，包括积极重构、鼓励、设想或者排演如何应对困境。重构是一种认知技术，主要用于帮人淡化或者回避令人痛苦的情境，提高自尊。重构的一个重要部分是，评估优势——不是只看生活中哪些地方出了问题，而是还要看生活中哪些地方进展顺利。来访者然后可以利用这些优势处理问题。鼓励，与重构密切相关，包括安慰、表扬（表扬要有用，就必须针对来访者认为值得表扬的东西而表扬)、共情式评论。鼓励，有利于增强自我效能感。设想，让人以假设方式经历一次痛苦情境，让人不再对痛苦情境那么敏感，不再一想到会经历那个痛苦情境就那么焦虑。排演，让人想出更恰当的应对方式，并在假设情境中尝试这样的应对方式。所有这些技术的目的都是帮助来访者增强自我效能感——相信自己能够采取行动。

## 制定行动计划

尽管团体教练那样的干预项目的指导理念是为探索留出空间和时间，不要过早下结论，但是同样重要的是，在干预结束之际也要为团体每个成员确定数个行动点。我一般让每个成员指出个人层面或组织层面有哪两三点需要采取行动加以改变，然后让团体帮助每个成员进一步详细确定所需的时机、资源和支持。在团体干预的包容环境下，教练师和同伴都可以根据倾听每个成员的故事所了解到的信息指出更好的行为方式。

***“确保团体每个成员都与其他成员的行动计划扯上利益关系，这样做非常有助于团体实现所设置的目标。”***

干预期间在过渡空间尝试了新的思考方式，团体成员就更容易在其他团体成员面前公开承诺他们要改变。这种承诺能加快改变，因为它提供双重动力：不仅影响承诺者本人（巩固直面困境的意愿），而且影响在场的其他人（让他们提供帮助、进行监督）。公开承诺，就是给自己下通牒：坚持下去，实现改变，否则就丢脸——被人看轻。有所有其他成员签字见证，坚持下去、实现改变的可能性就会大大增加。确保团体每个成员都与其他成员的行动计划扯上利益关系，这样做非常有助于团体实现所设置的目标。

如果团体是个自然的工作团队，那么团体每个成员都觉得对彼此有责任，应该帮助其他成员兑现承诺。为了确保行动计划的实施，教练师还要设计一个或一个以上的追踪环节，用来评估进展。毕竟，很多人非常擅长在新年下一大堆决心，但到年终发现一个都没做到。觉得对彼此有责任，就更有可能就一些更大的话题进行坦诚的谈话，这些更大的话题包括组织价值观、企业文化、未来方向等。我经常开玩笑说，有助于我们改变的盟友，主要是羞耻、愧疚和希望。羞耻和愧疚让每个成员信守诺言，而希望让每个成员企盼个人、团队、组织提高有效性。

最后用一个禅宗故事结束本章。从前，有头小母狮子在热带草原上迷了路。几天后，在她又饿又渴就快死的时候，一头母羊发现了她，心生怜悯，照顾起了她。

随着小母狮子渐渐长大，所有羊都可以看出她和大家不一样。她比最大的公羊还大，她的外套是金黄色的，像夏天的夕阳，不像白云。而且，她的脸很宽，她的牙很尖。但是，羊吃什么喝什么，她就吃什么喝什么。羊群容忍了她的存在。

尽管她是一头狮子，但是她生活在羊群里，所以她只知道羊。羊，因为从未见过狮子，所以不知道她是狮子。他们住在同一片草地上，作为一个团体同吃、同睡、同活动。母狮子变得特别擅长发现危险动物，所以她在夜里给羊群守夜，白天给羊群领头。

一天，一头年老的公狮子走近羊群。羊都跑了，母狮子留在原地，默默地看着公狮子。公狮子把母狮子领到一个水塘，两只狮子都匍匐下来喝水。看到自己在水里的倒影后，母狮子发出了一声威严的咆哮。那一刻她变了。然而，在她觉得安全、舒适的地方，与熟悉的羊待在一起，对她来说仍然有诱惑力。

老公狮子告诉她："你就是这样的，不要逃避。你在羊群里长大，但是你长成了一头漂亮的母狮子。狮子是强壮的、独立的、勇敢的。与待在安全的绿草地上相比，狮子有很多事情可做，有很多地方可去。"

老公狮子走后，羊群回来了。母羊走近自己金黄色的孩子说："很多年前，我发现你躺在一片丛林下即将死去，我做不到让你饿死。所以，我收养了你，把你带回了羊群。现在，你是时候走自己的路了。过你自己的生活吧。做你自己的选择吧。不要再像羊一样。"母狮子最后一次蹭着羊妈妈的头，满怀感恩，然后掉过头，离开了羊群。

正如这个故事中的母狮子一样，问题是：来访者是想做羊还是狮子？我们所有人都该照照镜子，看看自己其实是谁。对我们所有人来说，也许要赶紧反思自己其实是谁，采取行动打破我们在别人的误导下形成的自我认识。我们也许其实是狮子，但是在别人的误导下以为自己是羊。人生短暂，时光不停流逝，要赶紧采取行动。

# 第 10 章　组织干预全方位设计

信任别人，别人才能对你忠诚；看重别人，别人才能证明自己值得你看重。

——拉尔夫·沃尔多·爱默生

团体压力让我吓得尿了裤子，因为任何不想或不能随大流的人，都会遭到残忍对待。

——贝特·米德勒

很难想象，一个团体如果没人在意功劳归谁，那会取得什么成果。

——罗伯特·叶慈

从前，有个女人向上帝祈祷说，想看看天堂和地狱各是什么样子。那天晚上，她梦见自己到了地狱。她看到一张巨大的桌子上面放着很多美味的食物。桌子旁边围了一圈饥饿的人，每个人的手里拿着一把勺子，但勺子的柄太长，盛起的东西送不到嘴里。美味的食物，看得见吃不着，每个人都在哭泣或抱怨。

第二天晚上，女人梦见自己到了天堂。令她吃惊的是，天堂和地狱几乎一模一样——同样的桌子，摆放着同样的食物；桌子旁边同样围了一圈饥饿的人，每个人同样手拿一把勺子，勺子的柄同样长。但是，没人哭泣或抱怨；每个人都在微笑，享受美食。原来，他们学会了用长长的勺子互相喂着吃。

## 发动大家参与变革

进行组织变革，最好同时做几件事——高管层可以借用好几个杠杆。第一，高级经理人团队必须就想做成什么形成一个具体而清晰的目标，并且就未来的样子形成一幅共同愿景。第二，互联网和其他形式的 IT 平台可以发挥重要作用，发掘员工的需要，（特别是在大型组织）让员工有发言机会。第三，改变结构（包括奖励制度），传递正确信号，让员工明白公司想走什么方向。特别是，奖励制度要向组织价值观看齐，还需要有配套的绩效评价制度。

这三个任务相对容易实施。但是，还有第四个任务，这第四个任务是最难的，那就是：改变变革实施者的心态。为此，高管层需要激发人们的集体想象力，让大家认同、支持那个共同愿景。这里，往往就是要用到团体教练之类技术的地方（见图 10.1）。

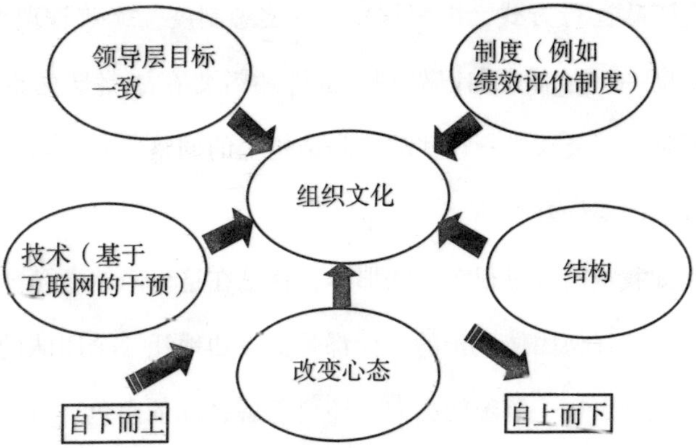


图 10.1　组织文化变革概览

***"了解那些影响组织惯有行为的模式和主题及其背后历史，对削弱其影响非常关键，对组织变革非常关键。"***

问题是，组织，像组织中的个人一样，是有惯性的。一旦团队（有意无意地）形成了一套固定的规则和行为模式，新成员（就像猴子与香蕉的故事说明的那样）往往会受到老成员的教化。这样，组织中的团队就能让现状永远保持下去。这一点以及其他一些原因，组织很难改变，即使在明显需要改变的时候。就像个人一样，了解组织那套固定的规则和行为模式具有什么主题，这些主题是如何形成的，对削弱这些主题的影响非常关键，对组织变革非常关键。当某些规则和行为模式不再符合时宜，组织成员需要大胆地公然质疑。

提高绩效，是要花时间的，然而，提高组织绩效也许不仅涉及改变团队运行方式，组织制度——奖惩制度、绩效管理制度、培训制度——也需要加以处理。也许还需要在战略层面重新定位。但是为了能够进行这些战略和结构上的调整，组织当中各团队的成员需要好好合作。

正如我从前说过很多次的那样，就是在这里团体干预能起到很大作用。任何团体干预的目标都是，成功地让一个团队的成员拥有共同的目标、清晰的方向，还要理解彼此的角色、价值观和依赖关系。

## 组织干预

我做干预之前，经常进行领导力审计，以评价组织是否真的为这样的旅程做好了准备。通过领导力审计，我能判断高管团队在多大程度上支持干预，高管团队成员之间存在什么问题（结构方面的、人际方面的），还能评价高管团队成员的心理成熟度。团队成员的心理成熟度非常重要。他们做好了团队干预的准备了吗？愿意改变吗？

我首先要做的一件最直接的事情是，考察物理环境，周围景色、建筑结构、办公室布局、家具陈设，所有这一切都能揭示一些有关组织文化的东西。在组织内部，所使用的语言、所张贴的标语、着装要求以及其他政策，都能进一步揭示员工的工作环境。

探索性地看看高管层，就是为了从另外一个维度刻画组织。这样做的时候，我要问自己几个问题。组织的经理人给人留下什么印象？各经理人大致相同还是大相径庭？我与不同经理人的谈话，是否揭示不同经理人对组织的主要任务达成了共识？经理人清楚权力地位的分配标准吗？他们认为哪种人具有高潜力？员工如何看待关键掌权者和 CEO？我能看出什么联盟？如果组织盛行某个“基本假定”，那么是哪个“基本假定”？继续深入下去问问员工，经理人彼此之间的关系怎样，公司开会一般是什么样子，公司有那些习惯做法、例行程序。弄清这些问题的答案后，就可以形成一幅相当清晰的组织文化图。

问这些问题的时候，我总是采用临床/系统视角。重要的是，不要只看官方叙述（可能只是口号），还要认真听听其他东西，因为这些东西往往揭示一些内隐文化。还有必要关注哪些东西没说，以了解组织存在哪些禁忌，或者说“不可讨论之事”。这样做，还有助于确认那些可能存在的重复出现的社会防御。

为了营造安全的教练环境，让来访者能够把玩自己的想法、感受和行为，教练师需要让来访者做好进行一些自我探索和自我尝试的准备。考虑到这些团队干预可能对来访者造成压力，只有相对适应良好的人才有心理力量参与团体干预，而且，重要的是，才能帮助自己帮助他人。因此，进行组织干预时，我会谨慎地评估经理人能否从这样的干预中获益。我考察他们有多强的动机去学习、去改变；我考察他们有多强的能力做到开诚布公、积极回应；我考察他们彼此之间的关系；我考察他们是否具备情绪管理技能、一定程度的心理感受性、挫折承受能力、内省能力、反应性和灵活性。巧妙地评估完所有这一切后，才能开始干预。

**评估团队成员的可教练性**

琢磨以下问题，回答“是”或“否”。

| | 是 | 否 |
|---|---|---|
| • 他们被动员起来了吗？ | | |
| • 他们有自我反思能力吗？ | | |
| • 他们具备情绪管理技能吗？ | | |
| • 他们有一定的心理感受性吗？ | | |
| • 他们有足够的心理灵活性吗？ | | |
| • 他们有能力把当前问题与过去问题联系起来吗？ | | |
| • 他们有很强的挫折承受力吗？ | | |

**如果大多数问题你都回答“是”，那么这些人会更容易教练。**

申请和访谈能让来访者暗暗地提前了解他们即将参加的干预是什么样的，还能让他们有机会评估干预的设计与自己的准备程度是否匹配。通过访谈，我评估团队成员是否满足团体干预对个人心理素质的要求，还评估团队成员的特点与团体干预的设计是否匹配。这些前期工作是变革的第一步，因为它让很多心理问题浮出表面，更不要说让焦虑浮出表面——大家在等待干预真正开始的那段时间生出的焦虑。

正如前面提过的那样，为了继续收集数据，我还进行 360 度反馈调查、焦点小组、个人访谈和行为观察。让人有表达意见的机会、为改变心态创造条件、收集有关组织制度的信息的一个方式是，开展组织文化审计。我在做组织咨询的多年中开发了很多工具，一个工具就是组织文化审计（Organizational Culture Audit，简称 OCA），这是个非常简单、容易实施的问卷，问卷的题目涉及组织文化的 12 个维度，最后提供一个有关组织文化的量化分析报告（附录有对这个工具的简要介绍）。

文化审计可以让组织成员描绘并评估组织的价值观、原则和实务。还可以用于测量组织的现在行为距离组织价值观标榜的行为有多远或多近。换句话说，经理人和员工是否真的做的和说的一样。教练师可以利用对组织现有状态和目标状态的这个了解，与董事会和高级经理人一起决定组织的战略机动、竞争行动、组织变革、投资方向和创新领域等。特别是，组织文化评估对让行为准则和绩效指标向组织愿景看齐有重要作用。

组织文化审计的结果，对像领导力教练师那样的促变者和组织高管层都很重要，因为它们可以为组织变革提供依据，特别是在结合个体访谈、焦点小组、行为观察和网络互动收集而来的质性资料的时候。一旦通过文化审计摸清了组织文化的特点并清晰地描绘出来，高级经理人团队就可以拿员工现有行为与有效实施组织战略需要员工表现出的行为进行比较——开始描绘需要在哪些方面进行变革，以改进组织的结构和制度。

把数据分享给高管团队后，我通常让团队成员自行推断。最好让他们讨论一下现有文化，找出哪些方面非常有效需要强化，哪些方面不够有效需要改进。这样就可以形成一幅很好的组织文化图。然后可以采取步骤形成一套共享价值观，这套共享价值观要与高级经理人给组织未来重新确定的方向对齐。为了启动变革、制定行动计划，高级经理人团队必须在需要关注哪些领域这个问题上达成一致意见。他们需要确定，弥补哪个方面的文化差距可以最事半功倍地提高组织执行新战略的能力。

组织文化审计收集到的数据还应呈现给整个组织，以帮助员工看到组织现状与目标的差距。探索性文化工作坊，可以用于帮助组织成员更好地了解组织文化的明显主题。促变者与组织之间的初始互动，可以用于帮助组织成员探索组织文化的一些重要的隐性主题。对高管团队进行团体教练后，促变者可以有针对性地开发进一步的工作坊把高管层想要看到的变化从上至下贯彻到整个组织。

在对高管团队的初始访谈中收集到的信息，可以用于一系列进一步的团体干预，让整个组织从上至下都意识到组织正在进行文化变革。如果团体干预的参与者是混合的，也就是包括来自不同部门（或分部或地区）的经理人，那么这些干预也可用于弱化部门割据和部门边界，也可用于减轻“非我发明症”（如果不是我的主意，那就别讲给我听）。组织各部分可能不再各自为政，而是一起商量如何最好地发挥协同效应。这样的活动能为网络化组织创建教练文化和学习文化奠定基础。

## 用制度把变化巩固下来

如果各种各样的变革措施得到了恰当的支持，组织干预就会进入这么一个阶段：组织成员在情绪上接受、在认知上明白，新行为、新价值观正在起作用。在这个阶段，有些人也许需要帮助，以学会如何处理放弃旧的行为方式。高管层可以通过奖励制度来支持新的行为方式，但是让人们在情感上接受这些变化是另外一回事。这个时候，在中管层用我在本书从头至尾介绍的那些技术进行团体教练，可能非常有助于人们处理丧失，迎接全新的开始。在团体教练中与同伴互动，人们也许会接受那个采用新行为方式的需要，认识到新行为方式对他们个人、对整个组织的好处，同时支持组织及其新战略。随着组织绩效的改进，人们很有可能内化新的价值观和信念。他们的角色和未来会变得更加清晰，他们更愿意长期致力于创新活动和组织复兴。

## 一个应景的案例

现在用一个实例说明一下全方位组织干预具体是什么样的。一个跨国银行邀请我帮助其高管团队提高管理能力，这个领导力开发项目是一个跨时多年的大型组织变革干预项目的一部分。早在2008年金融危机爆发以前，这家银行的日子就不太好过；高级经理人的几个非常糟糕的决策造成了巨大的损失，威胁到了银行的现金支付能力。银行的管理一直非常专制，造成了不良的依赖文化。现金支付出现困难时，国家规管机构介入，导致高管团队大部分成员遭到解雇、董事会大换血。银行引进了一个经理人做CEO，这个经理人刚从位于另外一个国家的另外一家银行退休。他一上任，就面临非常棘手的任务。银行除了陷入财务困境外，还有可能被竞争对手兼并。

新CEO的第一要务是，抚平弥漫在员工中间的不安情绪。为了控制自己的焦虑和员工的焦虑，CEO的第一步是，把银行职位最高的200人召集到一起开会，在会上介绍了自己，还评价了面前的挑战。然后，他强调说，他需要他们的帮助和建议来改变现状。为此，他让他们给他发电子邮件，说说他们喜欢银行的哪些地方、不喜欢银行的哪些地方，他们个人能为把银行变得像原先一样成功做出什么贡献。

新CEO亲自回复所收到的每封电子邮件，还找银行职位最高的75人进行密谈，讨论他们提出的建议。在另外一次高层管理者大会期间，他说他从他们的电子邮件和与他们的密谈中了解到了很多东西，还说在他们的帮助下确定了各项事务的轻重缓急。他用播客改进员工沟通，重点传播变革主题。另外，他去银行设在其他国家的子公司，给子公司的员工开会。

通过这些活动收集到的信息，新 CEO 更清楚需要采取什么行动了。很多复杂的战略问题，关系到资源分配，需要得到处理。各种事情的轻重缓急需要确定下来。组织结构需要理顺，特别是母公司的角色（因为银行所跨地理范围太广了）。显然，需要做些事情来改变银行如此盛行的依赖文化，还要改变扎根很深、成本很高的割据状态。因为这些问题，银行的竞争地位越来越低，被其他银行兼并的威胁越来越明显。这个趋势也要加以阻止。

新 CEO 需要一个能干的经理人团队来帮助他采取步骤，复兴银行，改变被兼并的命运。独立思考并不是银行盛行的行为模式。尽管银行过去从未重视人才管理，但是他希望，分权化改革后，很多有潜力的经理人会“解放出来”。新 CEO 决定聘请一个 HR 专家，任命他为人力资源/人才管理副总裁，让他加入经理人委员会，以表明期望 HR 专家能起到重要作用。随后，新 CEO 和 HR 副总裁给银行引进了一系列非常能干的经理人（其中有几个是银行的前员工）。他们还开始评估银行内部有多少人才可用。

就是在这个时候，新 CEO 和 HR 副总裁邀请我帮忙创建团队文化。我首先举办了一个名叫“内在领导者（The Leader

Within)”的两模块工作坊。在工作坊期间，对银行职位最高的24人进行了密集的团体教练，每个团体8人。在这些团体教练中，我充当副教练师。工作坊的第一个模块，首先举办一个介绍高绩效组织和高绩效团队的讲座，然后列出觉得银行有哪些问题需要关注（工作坊结束会提炼问题清单）。然后是两天的团体教练，启动团体教练的是几个多方反馈调查①。工作坊的第二个模块，包括另外一个多方反馈调查，即领导原型问卷②，还包括组织文化审计③，一个文化练习，之后是讨论想要哪种文化（包括战略和结构方面的建议、时间轴和职责分配）。

这些工作坊非常受欢迎。如果银行以前没人知道领导力开发工作坊，那么工作坊的效果会更好。这些工作坊不仅能给每个经理人提供一个非常务实、非常专业、非常个性化的行动计划，而且可以为网络化的团队文化奠定基础。它们有助于打造无边界组织，减少各自为政，促进信息交流。最重要的是，参与者觉得自己在组织里有发言权，这种感知有助于瓦解现有的依赖文化。

每做完一系列工作坊，我和同事都会与CEO和HR副总裁进行一次密集的讨论，讨论参与者发生的系统性变化。这些讨论，事前就非常详细地规定了边界，以确保不泄露所涉人员的个人信

① 使用的工具是，全球性经理人领导力问卷和人格审计。
② 领导原型问卷是另外一个在线问卷，详细介绍见附录。
③ 组织文化审计是干预中用到的另外一个在线问卷。

息。在很少情况下（事先经过所涉人员的同意），我们指出哪个人的能力与职位不匹配，是对人才的一种浪费。我们还（再次事先经过所涉人员的同意）建议，各经理人可能需要在哪些方面加以培养。随后，职位最高的 75 个经理人与新 CEO 和 HR 副总裁就职业发展进行谈话，这可以让个人需要与组织需要更加一致。比这 75 人职位低的人，则是与所在子公司或部门的高层人物进行职业发展谈话。工作坊从上到下贯彻到整个组织，以发挥最大效用。

工作坊中 75 人就想为什么样的组织工作发表了意见，然后把目标转化成有意义的行动。在工作坊所得结果的基础上，制定了重要的战略决策和结构决策，包括区域重新定位。引入了绩效评价制度，以鼓励员工拥护银行所倡导的那种价值观。不在行动上拥护那种价值观、不执行领导力开发行动计划的人，被请出了银行。这些团体干预结束三年后，银行恢复了以前的竞争地位，变得越来越稳固——不管国际金融环境怎么变化，它都发展得很好。

***“人的一生会经历几个转折性事件，即真正改变自己与世界互动方式的事件。”***

讨论组织变革，人们经常提到“转折”或“跃迁”等字眼；然而，大多数变革干预项目并没有带来那么显著的变化。人的一生会经历几个转折性事件，即真正改变自己与世界互动方式的事件。幼儿时代第一次自己走路，少年时代第一次独立开车，年轻时代第一次做父（母），这些经历都能用难忘的方式改变一个人的自我形象和人际关系。

要想组织变革具有“转折性”，高管层需要做些深入反省，反省组织中的人际互动方式——作为一个团体，他们需要采取创新行动，改变组织的内在结构。特别是，组织中的人需要形成新的视角，看到平常看不到的东西。这一点，很好地体现在苏非小说中的传奇般讽刺性人物纳斯雷丁（Nasreddin）的故事中。

一天，纳斯雷丁看见一个人沮丧地坐在路边，就问他有什么烦恼。那个人回答说：“生活一点意思都没有，老兄。我有足够的资产，意味着我不必工作。我这次出来，是想找些比家里的生活更有趣、更好玩的事情。目前为止，我还没有找到。”那个人说完这些，就没再说话。在那个人沉默的时候，纳斯雷丁拿了他的包，跑开了。纳斯雷丁非常熟悉这个区域，所以很容易就甩开了那个人。

这条路曲曲折折、七拐八拐，但是纳斯雷丁抄了几次近道，很快就回到最初遇到那个人的地方。纳斯雷丁站在路边，把包放下，等那个人出现。过了一段时间，那个痛苦的人终于出现了，而且因为丢了包变得更痛苦了。他一看到包就跑了过去，高兴地大喊大叫。“这是找乐子的一个方法。”纳斯雷丁说。

上面所说那家银行的经理人，在不良文化中生活了这么久，对他们来说，放弃旧的互动模式——花了很多时间和精力形成的习惯——非常难。新 CEO 及其团队面临的挑战是，帮助员工解放思想、尝试新视角。正如纳斯雷丁向路人指出的那样，学习新东西，让人生之旅更加刺激，从不嫌晚。

# 结语

幸福生活其实并不需要太多的东西。

——马库斯·奥勒,《沉思录》

家庭和睦的人是最幸福的。

——约翰·沃尔夫冈·冯·歌德

要想活得更好，必须冒险——首先要冒的也是最难冒的险是对自己诚实。

——沃尔特·安德森

在我看来，人有巨大潜力。只要有信心，肯冒险，大多数人都能把事情做得非常好。然而，现实情况是，大多数人没有信心，不肯冒险。他们坐在电视机前，得过且过。

——菲利普·亚当斯

一个和尚启程去远方寻找菩萨。他走了很多年，最后来到一条河边——据说菩萨就住在河的那一边。他叫了一条船渡他过河。船家划船时，他环顾四周。过了一会儿，他发现有个东西正在漂过来。靠近了之后，他认出来那是一具男子尸体。尸体越漂越近，他用手就能够到。他惊骇地发现，尸体是他自己的！他完全失控了，为自己的去世大声痛哭。尸体一动不动，毫无生气，随着河水漂流。那一刻，他顿悟了。他意识到，他的心死了，内心的这个死亡需要加以处理。

任何领导力干预，包括团体教练，主要任务就是让陷入困境的人获得领悟，发生改变。随着世界变得越来越快，联系越来越紧密，团体教练式干预技术变得越来越重要。

***“不幸的是，在奉行还原论的后工业社会，团队合作被关注个人代替了。”***

我们有充足理由相信：随着全球化和互联网让世界变得越来越小，随着组织面临的问题变得越来越复杂，团队合作将越来越普遍、越来越重要。在知识经济时代，团队合作成了一个核心胜任力，就像曾经在旧石器时代一样。团体教练有利于创建横向沟通桥梁，而横向沟通桥梁是完成当今组织中高度复杂任务的必要条件。不幸的是，在奉行还原论的后工业社会，团队合作被关注个人代替了。不过，现在，我们好像绕了一圈回到原处，再次意识到团队合作的重要性和威力。

当组织支持经理人通过领导力教练项目打造高绩效团队，个人、团队和整个组织都会受益。领导力教练对现有的领导力开发项目是个补充，对任何变革项目的成功必不可少。而且，团体教练增强自我认识，让参与者更加明白人生之旅需要跨过哪几道坎。它给参与者提供视角，参与者可以通过这个视角深入地考察个人层面、团队层面和组织层面的问题。不管这些问题是有意识的还是无意识的，领导力教练都可以帮助经理人制造转折点，让经理人更成功地履行职责、实现目标，遇到十字路口时更早看清自己的处境，而且，最重要的是，让生活更充实、更圆满。

## 学习和去学习

团体教练的一个主要促变功能是，加深经理人彼此之间的联系、加深经理人与组织之间的联系。我在本书介绍过的团体教练式干预技术的目的是，把人从隐秘的心理力量中解放出来，采取行动做出改变，让组织生活变得更有意义、更真实。

我说过，像团体教练师那样的促变者的一个作用是，帮助团队成员更加理解自己的行为（以及别人是如何看自己的），还更加理解团体成员之间的互动和团体的行为。领导力教练师要想让人际学习发挥治疗作用，就必须让团体成员学会识别、考察、理解那些现象。他们需要考察自己，研究自己的对话，研究自己与他人的关系，克服内心对改变的抵制，把学到的东西应用到工作生活中，整合成具体的行为变化。团体教练师也面临类似的压力，在团体成员进行自我探索的时候，他们必须保持淡漠和中立的态度，还要运用消极能力，引导团体增强自我意识。

我强调过，团体教练师需要同时在数个层面操作。第一，他们需要解读团体内部的表面状况、团体成员正在沟通什么。他们需要理解团体成员此时此刻的烦恼——此时此刻的烦恼大多是有意识的，但有一部分是无意识的。第二，他们需要解读团体内部的真实状况、团体成员在潜意识层面沟通什么，也就是找出“地毯下的蛇”。团体教练师还必须把自己用作工具，考虑自己与团体、与团体成员的关系，还要考虑自己对团体、对团体成员的反应。在多个层面这样迅速切换，对团体教练师有很高要求，但是也让他们的工作非常刺激。

***“为了真正了解别人，我们所有人都必须首先了解自己。”***

但是，要把自己用作工具帮助团体成员进行自我探索，像团体教练师那样的促变者必须先完成自己的自我探索。为了真正了解别人，我们所有人都必须首先了解自己。我们所有人都需要知道自己的长处和短处，才能有效地帮助他人。把临床镜头对准自己，结合过去的经历探索现在的现实，教练师才能以新的方式从错误中学习。

如果组织领导者、教练师或顾问只能看到表面的团队过程，没有考虑潜在的心理动力因素，比如社会防御、隐秘情绪、内在动机、共有焦虑和潜藏冲突等，就会错过提高团队有效性的机会。运用临床视角，关注潜意识力量，组织领导者、教练师或顾问就会少一些评价和规定，多一些反思。我恳请教练师及其来访者大胆地、深入地考察组织内部的防御和阻抗，让组织用更具建设性的方式包容组织生活中不可避免的焦虑和风险。

要打造高绩效组织，我们不仅需要关注团队运行比较结构化的一面，而且需要关注团队运行比较混乱的一面。为了让团队发挥最大潜能，领导力教练师需要能够自如地处理每个团队成员的幻想世界。他们需要自如地待在幻想与现实之间的过渡地带。他们应该能够充当镜子，就像下面这个苏非故事说明的那样。

## 师父和徒弟们

一位著名的苏非大师病得很重，被迫卧床休息很长一段时间。一天晚上，几个徒弟坐在他旁边，默默地待了几个小时——大家尽管什么都没说，但是各自的意识里都浮现了很多精彩的东西，这些东西显然来自各自的内心。终于，师父累了，就眯起眼睛睡觉。他睡了一段时间，就突然在床上笔直地坐起，告诉徒弟说，小时候，他有一个师父，这个师父总是鼓励他“尽量好好利用一切”。说完这句话，他又躺下了。徒弟们明白，他想让他们再打坐一会儿，再陪他一会儿。最后，徒弟们要离开了，跟师父告辞。尽管除了突然坐起来说了那么一句奇怪的话之外几乎没说一句话，但是师父笑着对徒弟们说：“我们今天很有收获，不是吗?”

这个故事的寓意是，改变可能是个非常微妙的过程。表面上好像什么事情都没发生，实际上可能发生了很多事情。团体和团队都是非常复杂、非常抽象的存在。只有给他们注入活力，它们才能成为切实的存在。经验告诉我，团体教练法不仅对促进个人的自我发展极其有效，而且对打造伟大的团队极其有效，对打造效率很高、可持续发展的、真实活力型组织极其有效。冒着显得太啰唆的危险，我再次强调一下：只从理性—结构角度看组织里的团队合作是不够的，还必须考虑潜意识动力的影响。从心理动力视角和系统视角看团体，就能更清楚地理解团队。在团队背景和组织背景下运用这个镜头，有助于经理人完成对领导者而言最难的一个任务：要改变世界，必须首先改变自己。

# 附录　工具

IGLC/KDVI 360度领导力测评工具库，由几个各具特色的测评工具组成，分别是领导原型问卷（Leadership Archetype Questionnaire，简称LAQ）、人格审计（Personality Audit，简称PA）、全球性经理人领导力问卷（Global Executive Leadership Inventory，简称GELI）、内心剧场问卷（Inner Theater Inventory，简称ITI）和组织文化审计（Organizational Culture Audit，简称OCA）。这些工具有的面向个人，有的面向团队，分别测量领导风格、人格、领导力、内在驱力和组织文化。

## 1. 领导原型问卷

LAQ描述领导者在组织中的为人处世风格，也就是具体的领导风格，还描述打造平衡团队需要采取什么步骤。认真挑选不同风格的人搭配起来，可以组建高绩效团队，让整体大于部分之和。

LAQ 的八个领导原型分别是战略家、促变者、交易者、建造者、创新者、处理者、教练师和沟通者。

- **战略家**擅长把握组织所处环境的动态和趋势。他们提供愿景、战略方向、非传统思维，来打造新的组织形式，为组织的未来发展打下基础。
- **促变者**喜欢乱局。他们擅长修改组织“蓝图”或者描绘新的组织“蓝图”。
- **交易者**是优秀的生意人。他们擅长识别并利用机会，以谈判见长。
- **建造者**梦想有所建树，而且有能力和决心让梦想成真。
- **创新者**专注于新事物。他们很有能力解决极其复杂的问题，喜欢创新。
- **处理者**喜欢组织像一台平稳运行、状态良好的机器。他们非常擅长围绕组织目标进行体制设计。他们让“火车”按时运行。
- **教练师**非常擅长培养人并最大限度发挥人的潜能。他们对打造高绩效团队和高绩效文化非常有用。
- **沟通者**是伟大的影响者，十分擅长打动周围的人。

LAQ 帮助领导者理解他们在组织背景下是如何为人处世的，还指出各领导风格在哪些情境下最有效，指出与具有某种领导风格的人共事是什么样的（见图 A.1）。还有助于指出每个团队成员最适合扮演什么角色，具有某主导管理风格的人最好要如何管理、如何效力，哪些风格搭配起来比较好，要避免把哪些风格的人凑在一起。最后，它有助于根据某个挑战组建团队，这里的挑战包括并购整合、新产品开发、组织转型等。

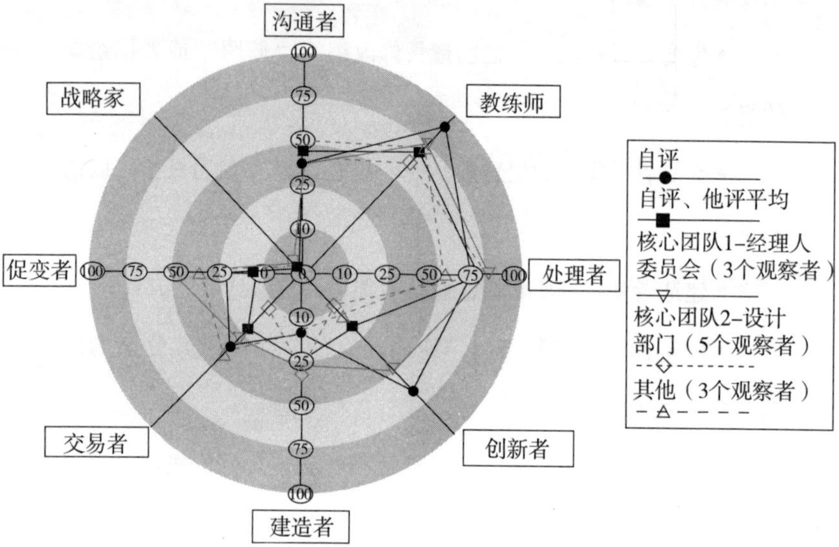


图 A. 1　LAQ 报告图示

## 2. 人格审计

要管好人，首先要了解人。而要了解人，首先要了解自己。

“M”表示你有多少次得分处于中间位置。“M”大于 9，表明你性格中庸，也表明你不易动情绪。

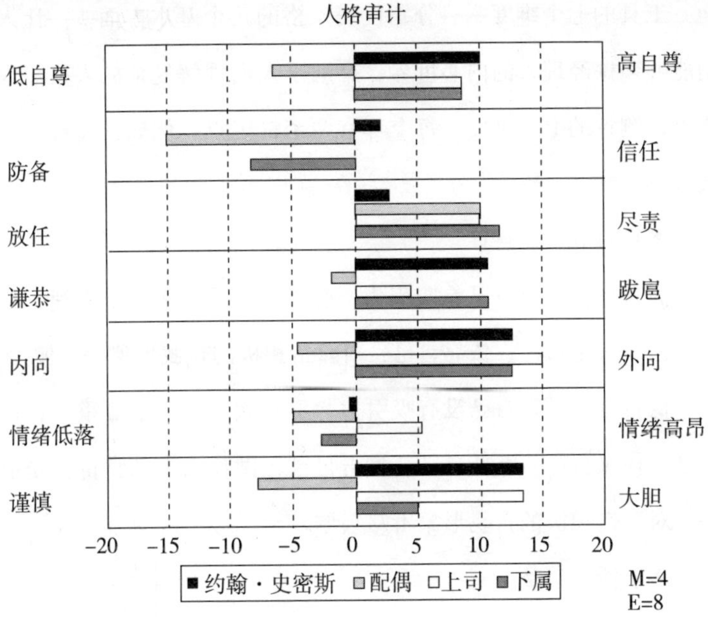


图 A.2 PA 报告图示

"E"表示你有多少次得分处于极端位置。"E"大于 6，表明你性格极端，也表明你缺乏自制力，常有焦虑感、无助感。

人格审计选取的是对一个人的组织生活和人际关系有影响的人格特质（见图 A.2）。它收集到的数据有助于参与者反思自己的动力因素，还有助于参与者反思自己在职场内外的人际交往方式。它突出了参与者在私下和在公众面前的不同之处。因为反馈不是匿名的，一般来自家人（伴侣、父母、孩子）和朋友，所以它收集到的信息非常有用——很有可能制造出转折点。

工具的七个维度——分别代表人格的几个基本方面——让人们能够窥探经理人的内心世界，有助于人们理解复杂的人格。人格审计测评的七个维度，每个都有两个锚定点，例如，高自尊和低自尊。

- 高自尊—低自尊

高自尊：觉得自己有吸引力、受欢迎、受尊重、受重视，相信自己、肯定自己、依靠自己，对营造积极的自我形象感兴趣。

低自尊：觉得自己没有吸引力、不受欢迎、不受尊重，轻视自己、怀疑自己、贬低自己、打击自己，做什么事都觉得会受批评，对营造积极的自我形象不感兴趣。

- 信任—防备

信任：热情、共情、关心人、善良、友好、坦率、体贴、宜人、天真、有感情。

防备：警惕、多疑、敏感、谨慎、小心、好争论。

- 尽责—放任

尽责：细心的、有原则的、真诚的、精确的、刻苦的、关注细节的、敬业的、可靠的、可信的、周到的、有条理的、一丝不苟的、完美主义者。

放任：懒散的、逍遥自在的、随意的、无忧无虑的、无烦恼的、不受限制的、不担心的、随和的。

- 跋扈—谦恭

跋扈：控制欲强、竞争心强、进取心强、支配性强、掌控局面、抢别人风头、好发命令的、压倒性的、统治的、居高临下的、专横的、指手画脚的。

谦恭：服从的、通融的、迁就的、宜人的、附和的、不跋扈、顺从的、恭顺的、不炫耀的。

• 外向—内向

外向：活泼的、话多的、爱交际的、友善的、不跋扈的、平易近人的、合群的、坦率的、随和的、对人感兴趣的。

内向：自律的、自省的、矜持的、独来独往、喜欢沉思、害羞的、腼腆的、安静的、难以接近的、疏远的、冷淡的、冷漠的、孤僻的、遥不可及、沉默寡言、只靠自己。

• 情绪高昂—情绪低落

情绪高昂：乐观的、振奋的、有生气的、闪耀的、兴奋的、热情的、活泼的、高兴的、轻快的、快乐的、有活力的、充满激情的。

情绪低落：悲观的、阴森的、不高兴的、悲伤的、忧郁的、沉重的、沮丧的、阴沉的、不高兴的、严肃的、失望的、惆怅的、灰心的、抑郁的。

• 大胆—谨慎

大胆：好奇心强、求知欲强、喜欢冒险、喜欢探索、富有创造力、不墨守成规。

谨慎：因循的、守礼的、保守的、死板的、平凡的、有方法的、惯常的、仔细的、正统的、呆板的、小心翼翼的。

### 3. 全球性经理人领导力问卷

全球性经理人领导力问卷调查的是一个人多大程度上具备在全球性组织任领导者的资质。有效的领导者承担两个角色——精神偶像和建筑大师。作为精神偶像，领导者描绘愿景、赋能授权、鼓舞士气。作为建筑大师，领导者设计恰当的组织结构、管控体系和奖惩制度。而且，这些角色可以进一步划分为不同领导风格或原型。

精神偶像和建筑大师这两个角色对领导有效性都非常必要，但是很少有哪个领导者能同时把这两个角色扮演得都很好。通常，承担这两个角色的不是一个领导者，而是一群领导者，这群领导者在领导风格上是互补的，构成了一个经理人角色阵。精心挑选一群能力、性格、背景互补的人搭配起来，可以打造出一个高绩效团队，让整体大于部分之和。

GELI 测评领导行为的 12 个维度，鼓励参与者考察自己在关键领域的有效性，这些关键领域包括描绘愿景、赋能授权、鼓舞士气、情绪智力、生活平衡和抗压能力等（见图 A.3）。它提供的报告是与常模对照的结果，这个常模是一群精力充沛、进取心十足的全球性经理人，这群经理人是“高级管理培训班”来自世界各地的学员。

全球性经理人领导力问卷
培训班名称
个人测评图

12个维度

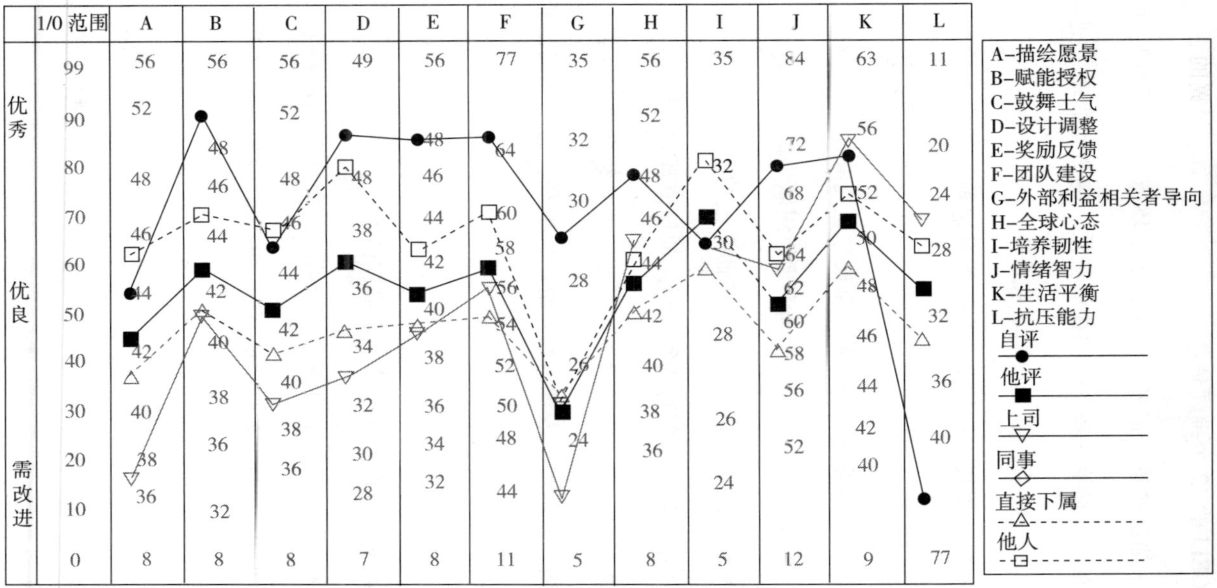


**为了让评价者保持匿名，有些他评分数综合到了一起，都归为“他人”

图A.3 GELI个人测评图示例

GELI 的 12 个维度是：

• 描绘愿景：把多个国家、多个环境、多个部门、两个性别考虑在内，描绘一幅令人向往的愿景、使命和战略，把全球的员工、股东、供应商和客户都联系起来。

• 赋能授权：把信息分享给能最好地利用信息的人，把决策权下放给能最好地行使决策权的人，让各级管理者和普通员工都有发言权，都有主人翁精神，都愿意也能够为组织做贡献。

• 鼓舞士气：鼓励员工为实现组织愿景而努力奋斗。

• 设计调整：根据愿景、使命和战略设计并调整组织结构、管控体系，让员工的行为符合组织的价值观和目标。

• 奖励反馈：设计合适的奖惩制度和绩效评价体系，给予绩效反馈，鼓励员工表现出符合组织价值观，有利于实现组织目标的行为。

• 团队建设：营造合作氛围，促进合作性互动，鼓励建设性解决冲突，强调团队合作，提高团队有效性。

• 外部利益相关者导向：让员工明白外部利益相关者的重要性，特别强调满足客户、供应商、股东以及所在社区等其他利益群体的需要。

• 全球心态：在组织里从上至下灌输一套超越地区/国家的价值观，让这套价值观充当不同地区/国家文化之间的胶水。

• 培养韧性：以身作则，合理地冒险，培养员工对失败、对挫折的承受能力。

• 情绪智力：主要通过榜样示范来提高员工的情商，让员工了解自己、理解他人、互相尊重、友好互动，最后在组织范围内营造一种信任氛围。

• 生活平衡：通过言传身教强调生活平衡的重要性，促进员工的长远幸福。

• 抗压能力：关注工作、职业、生活和健康方面的压力，恰当地应对这些压力。

让上级、下属、同事等人对经理人评分，把评分结果制成图 A.3 那样的图。另外，还有一个自我评分，以及所有他人综合在一起的他人评分。尽管所有评分都是匿名的，但是如果被评者只有一个上司，那么上司评分当然不可能保持匿名。分数经过了标准化，常模是一群高成就导向的经理人。

## 4. 内心剧场问卷

通过自我探索和自我分析，我们可以更加了解自己的价值观、信念和态度。内心剧场问卷测评的是一个人的生活动力，其设计目的是促进经理人以及其他人的个人成长和发展——引导经理人以及其他人进行自我发现（见图 A.4 和 A.5）。内心剧场问卷的报告有助于经理人了解自己的内心剧场存在哪些驱力，弄清自己的行为是基于什么样的价值观、信念和态度。

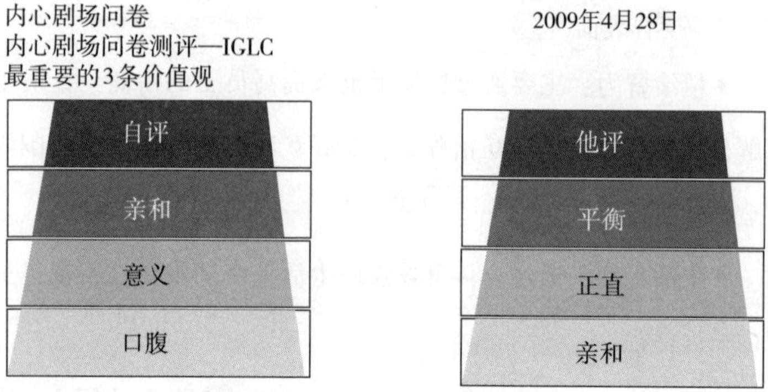


图 A. 4　ITI 反馈示例：最重要价值观概览

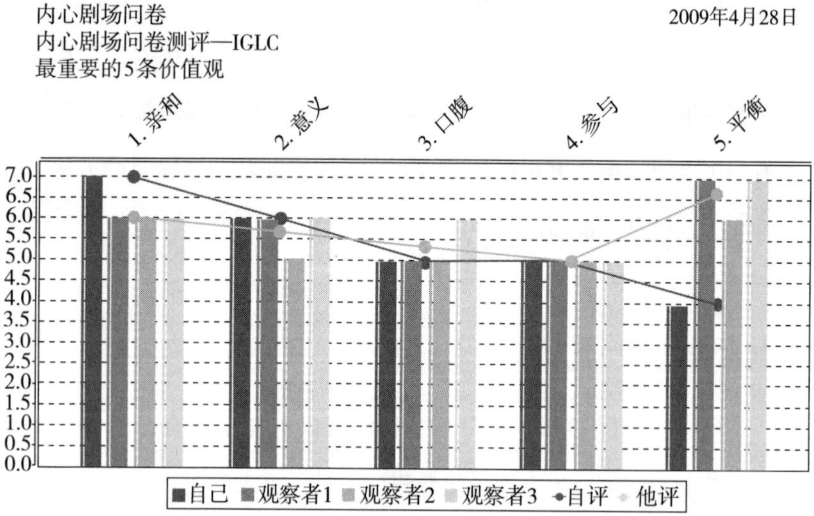


图 A. 5　ITI 反馈示例：最重要的 5 条价值观

这些问题的答案并不容易获得，因为我们的人格是复杂的。让事情变得更复杂的是，所见未必就是所得。为了确定内心剧场的驱力，仅看表面行为是不够的；有必要考虑行为背后的动机。

内心剧场问卷包含以下 22 个关键的生活锚：

• 审美：欣赏美。审美需要强的人，把音乐、戏剧或其他艺术看成生活的一个重要部分。

• 成就：无论做什么都渴望获得成功。成就需要强的人，特别好胜，十分刻苦，想尽办法实现自己设置的目标。

• 亲和：十分看重亲密关系。亲和需要强的人，强烈需要有人伴在左右，强烈渴望被人爱、被人喜欢、被人接纳。

• 自主：自己的事情自己做主。自主需要强的人，有强烈的自我意识。不会轻易受别人影响，做什么事情都凭自己的意愿和理由。

• 关怀：关心、照顾别人。关怀需要强的人，富有同情心，真诚地在意别人过得好不好。

• 学习：发现新东西、掌握新东西。学习需要强的人，终生积极追求新知识和新体验。

• 平衡：让生活保持平衡。平衡需要强的人，努力让生活中的各种重要事情，例如工作、家庭和朋友，达成平衡。

• 口腹：口腹之欲。口腹之欲强的人，把吃当作人生一大乐趣，用吃表达对生活的热情。

• 健康：非常关心身体状况，付出很大努力保持健康的生活方式（例如，有规律地锻炼身体，控制体重，吃好睡好，等等）。

• 参与：渴望有参与权。参与需要强的人，希望参与决策过程，发表自己的意见，愿意为所做的决策负责。

• 正直：坚持道义。正直需要强的人，从不做违背道义的事情，努力伸张正义。

• 意义：想为社会做贡献，超越狭隘的小我。意义需要强的人，需要投身于伟大的事业，相信自己在做有价值的事情，相信自己在改变世界。

• 金钱：渴望努力赚钱。金钱需要强的人，把钱看得很重，一门心思想着赚钱，希望不再受穷，能想买什么就买什么。

• 秩序：注重秩序。秩序需要强的人，喜欢把事情安排得井井有条。他们一丝不苟，追求精确，关注细节，强调规矩，看重条理。

• 权力：行使职权或影响力。权力需要强的人，想做决定、下命令，控制、影响他人。

• 骄傲：从所取得的成就或所拥有的东西当中获得乐趣或满足。骄傲需要强的人，非常看重自己的尊严、优点、重要性和优越性，认为要是不能把事做到完美就根本不要去做。

• 认可：渴望大众的赞美、公众的尊敬、社会的认同。认可需要强的人，努力出人头地，让公众承认自己的贡献和努力。

• 安全：保护自己免遭危险。安全需要强的人，喜欢可预测性和确定性。他们追求舒适的、平静的、安逸的生活，要求稳定的、可预测的绩效。

• 感官/性：从感官或性中获得乐趣。感官/性需要强的人，从看、摸、闻、尝中获得满足。

• 精神：与物质相对。精神需要强的人，把道德或宗教作为人生目的，认为没有精神信仰，人生就没有方向、没有意义，就没有活下去的理由。

• 地位：在社会上或工作中获得地位。地位需要强的人，倾向于根据美丽、智慧、体型、财富和权力把自己和他人排序。

• 复仇：报复伤害过自己的人。复仇需要强的人，强烈渴望惩罚那些伤害或侮辱过自己的人。

## 5. 组织文化审计

经理人提倡的价值观（理想的组织文化）与经理人奉行的价值观（实际的组织文化）也许并不相同。因此，关键是找出真正的价值观和信念是什么样的，再决定他们应该做什么。

组织文化审计的设计目的是综合诊断组织的现有文化，详细了解组织想要什么样的文化。为了实现这个目的，组织文化审计的问卷列出一条条价值观，然后问员工：你认为组织目前在这条价值观上有多强的表现？你认为这条价值观对组织有多重要（见图 A.6 和 A.7）。组织文化审计从比较宏观的角度分析组织，把焦点从个人行为驱力转移到组织行为驱力，突出现有文化与目标文化之间的差距。

组织文化审计　　　　　　　　　　　　　　　　　　　　　2010年6月1日—30日
为××公司进行组织文化审计
组织文化概览：提倡的价值观—奉行的价值观（N=51）

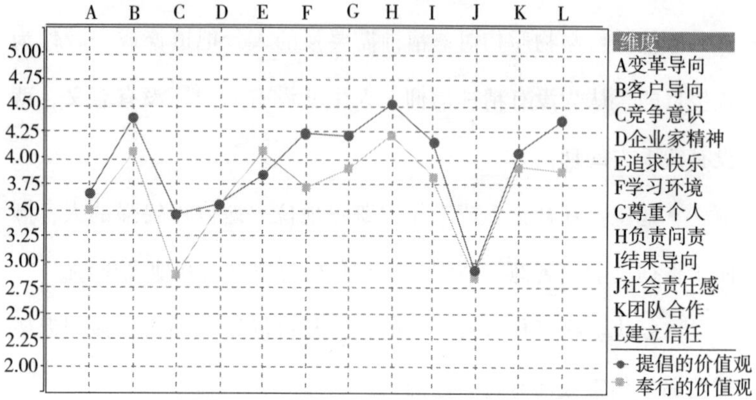


**图 A. 6　OCA 测评图示例：提倡的价值观—奉行的价值观**

组织文化审计
为××公司进行组织文化审计　　　　　　　　　　　　　　　2010年6月1日—30日
组织文化概览：差距分析（从大到小）

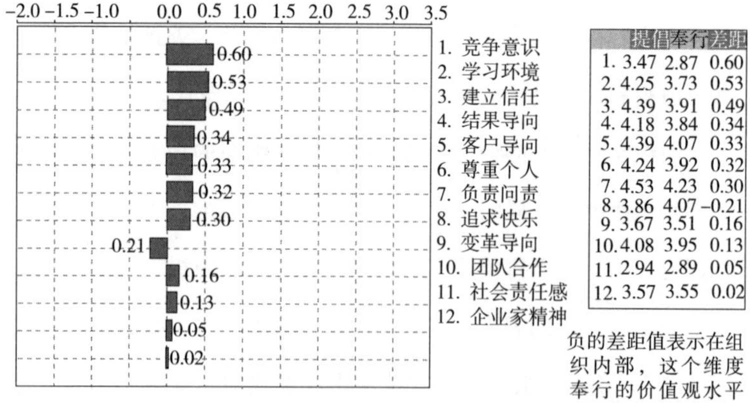


负的差距值表示在组织内部，这个维度奉行的价值观水平高于提倡的价值观

**图 A. 7　提倡的价值观与奉行的价值观之间的差距**

因为组织文化审计收集的是组织里的人对组织文化的认识，而不是组织外的人对组织文化的认识，只是从内部看，没有从外部看，所以它并不是严格的 360 度工具。然而，我之所以把它纳入工具库是因为它能进行差距分析：比较组织提倡的价值观与组织奉行的价值观。这样做，可以对那种只关注个人认识的工具起补充作用。

组织文化审计包含 12 个维度，对大量高级经理人的研究和访谈表明，高绩效全球性组织其组织文化最明显的特征就表现在这 12 个维度上：

• 变革导向：组织成员对变革处之泰然，对内外部的变革要求应对得好。

• 客户导向：真正理解与客户有关的问题，能够预测客户需求或者根据客户需求进行调整。

• 竞争意识：力求超过竞争对手，认真对待竞争对手。

• 企业家精神：鼓励各个层级的人积极创新，内创业行为可以在组织争取到资源。

• 追求快乐：鼓励员工玩耍、享受工作。

• 学习环境：鼓励员工持续学习、获得新知识、培养新技能、辅导同事。

• 尊重个人：员工可以自如地表现自己，只要能实现绩效目标；灵活处理员工的个性化需要。

• 负责问责：员工为自己的项目负责，为自己的行动和决策负责。

• 结果导向：高度强调结果，从错误中学习，对员工有很高的绩效期望。

• 社会责任感：做负责的社会公民，努力回应环境的需要。

• 团队合作：通过团队合作获得个人的成功、组织的成功。

• 建立信任：在各个层级鼓励沟通，营造坦诚、诚实、正直、公平、尊重的氛围，以此建立信任。

# 作者简介

有很多人在研究领导力、个体转变和组织变革，曼弗雷德的视角颇为独特。他有经济学背景，拥有阿姆斯特丹大学经济学博士学位，也有管理学背景，拥有哈佛商学院（Harvard Business School）国际教师培养项目毕业证、工商管理硕士学位和工商管理博士学位，他还有心理学背景，是加拿大精神分析学会和国际精神分析协会的会员。他利用这三方面的背景，探索出了一条从临床心理动力学角度研究管理问题、进行组织干预的路径。他感兴趣的具体领域是教练、领导力、团队建设、家族企业、继任计划、经理人压力、企业家精神、跨文化管理、生涯发展动力学和组织变革动力学。

在坐落于法国、新加坡和阿布扎比的欧洲工商管理学院，曼弗雷德担任着领导力开发主席职位，创办了全球领导力中心，与人共同主持着高级经理人培训项目“领导力挑战：打造有效的领导者”和“变革咨询和教练”，五次获得杰出教师奖。另外，他是坐落在柏林的欧洲管理技术学院的领导力开发研究中心（Leadership Development Research Center）的杰出访问教授。他曾在麦吉尔大学、蒙大高等商学院、哈佛商学院做过教授，还曾在世界多地的管理学院开过讲座。

美国《金融时报》、法国《资本》、德国《经济周刊》和英国《经济学人》评价说，曼弗雷德是世界一流的领导理论家。“管理思想家世界五十强”“人力资源管理界最有影响力的人物”这两个排行榜上都可以看到他的名字。他还获得过美国心理学协会的“哈利和米利亚姆·莱文森奖”、荷兰精神分析学院的“弗洛伊德纪念奖”。2008 年，在洛杉矶举办的国际领导力协会第十届大会上，他和另外六人因为“把领导力开发创建为一个领域和学科”而被授予“终身成就奖”。现在，他被视作组织领导力临床研究的领军人物。

曼弗雷德单独完成或与人合写、编辑了超过35 本书，包括《高处不稳定》(*Unstable at the Top*)、《神经质组织》(*The Neurotic Organizations*)(已由东方出版社引进出版)、《组织悖论》(*Organizational Paradoxes*)、《领导、傻瓜和骗子》(*Leaders, Fools, and Imposters*)、《经理人快车道生死赛跑》(*Life and Death in the Executive Fast Lane*)、《领导的奥秘》(已由东方出版社引进出版)(*The Leadership Mystique*)、《幸福等式》(*The Happiness Equation*)、《恐惧领导力》(*Lessons on Leadership by Terror*)(已由东方出版社引进出版)、《新的全球性领导者》(*The New Global Leaders*)、《沙发上的领导》(*The Leaders on the Couch*)、《教练和沙发》(*Coach and Couch*)、《家族企业》(*Family Business*)、《家族企业的人际困境》

(*Human Dilemmas in the Family Firm*)、《性、金钱、幸福和死亡》(*Sex, Money, Happiness, and Death*)(已由东方出版社引进出版)、《性格与领导力反思》(*Reflections on Character and Leadership*)(已由东方出版社引进出版)、《领导力与职业生涯反思》(*Reflections on Leadership and Career Development*)(已由东方出版社引进出版)、《组织的反思》(*Reflections on Organization*)(已由东方出版社引进出版)、《教练万花筒》(*The Coaching Kaleidoscope*)和《高管教练的难题》(*Tricky Coaching*)(已由东方出版社引进出版)。有些书的标题正在拟定之中，这里就不列出了。他的书被翻译成不止31种语言。

另外，曼弗雷德发表了不止350篇科学论文，有的作为书中章节发表，有的独立发表在期刊。他还写了大约100个案例研究，其中有7个获得了“年度最佳案例（Best Case of the Year）”奖。他还定期给数家杂志撰稿。《纽约时报》(*New York Times*)、《华尔街日报》(*The Wall Street Journal*)、《洛杉矶时报》(*The Los Angeles Times*)、《财富》(*Fortune*)、《商业周刊》(*Business Week*)、《国际先驱论坛报》(*The International Herald Tribune*)、《经济学人》和《金融时报》之类报纸杂志特别报道过他的工作。他是17家杂志的编委会成员，还是管理学会（Academy of Management）资深会员。他与人合作创办了国际精神分析取向组织研究学会（International Society for the Psychoanalytic Study of Organizations），是该学会的终身杰出会员。

曼弗雷德是美国、加拿大、欧洲、非洲和亚洲某些一流公司的组织设计、组织变革与战略性人力资源管理顾问。他是全球领导力开发咨询公司 KDVI 的董事长兼大股东。作为老师和顾问，他在不止 40 个国家工作过。

荷兰政府授予曼弗雷德“奥兰治·拿骚命令官（Officer in the Order of Oranje Nassau）”的殊荣。他是第一个在蒙古国飞钓的人，而且是纽约探险俱乐部的会员。在闲暇时间，他的身影可见于中非的热带雨林和稀树大草原、西伯利亚针叶林、阿纳姆地、帕米尔高山、阿尔泰高地或者北极圈里。